8e Année. — 205 2 Mars 1912

L'ILLUSTRATION THÉATRALE

Journal d'Actualités Dramatiques

PUBLIANT LE TEXTE COMPLET DES PIÈCES NOUVELLES
JOUÉES DANS LES PRINCIPAUX THÉATRES DE PARIS

1782 TH. NATIONAL DE L'ODEON 1912

Bureaux à 8 h. | Aujourd'hui JEUDI 8 Février (Soirée) | Rideau à 8 h. 1/2

PREMIÈRE REPRÉSENTATION DE :

ESTHER
PRINCESSE D'ISRAËL

Drame en QUATRE actes
de MM. ANDRÉ DUMAS et SÉBASTIEN-CHARLES LECONTE
Décoration de M. VISCONTI

ORCHESTRE
COLONNE
120 Exécutants
sous la direction de M. Pierre MONTEUX

1er Acte | a. Danses Polovtsiennes — b. Danse Orientale
2me Acte | a. Schéhérazade — b. Strophes chantées
3me Acte | a. Symphonie pathétique — b. La Nuit de Noël (fragm.)
4me Acte | a. Nocturne — b. Prière d'Esther

JEAN DE LA FONTAINE

ESTHER, Princesse d'Israël

LE BOURGEOIS GENTILHOMME

L'Illustration Théâtrale paraît mensuellement et publie des numéros spéciaux chaque fois que l'exige l'actualité dramatique.
Aucun numéro de *L'Illustration Théâtrale* ne doit être vendu sans le numéro de *L'Illustration* portant la même date.
Tout abonné à *L'Illustration* est abonné de droit à *L'Illustration Théâtrale*.

Prix du Numéro : UN FRANC. — *Abonnement annuel :* France, 36 francs ; Etranger, 48 francs.

13, rue SAINT-GEORGES, PARIS (9e).

Esther, princesse d'Israël, à l'Odéon.

JAMAIS encore le théâtre de l'Odéon — qui a déjà connu des succès appréciables avec des pièces où la poésie et la musique s'allient heureusement — n'avait monté une œuvre dramatique qui se prêtât autant que celle-ci à toutes les magnificences d'un grand spectacle. Aussi le directeur et metteur en scène qu'est M. Antoine s'en est-il donné à cœur joie. Décors aux architectures grandioses, et savamment reconstituées de l'époque assyrienne, comme les costumes des acteurs et des figurants ; jeux de lumière et de couleurs, groupements d'attitudes qui emplissent de vie et de mouvement les palais et les terrasses ; danses enivrées ; musiques choisies, servent, corsent, encadrent ce poème dramatique. Au milieu d'une telle abondance de richesses et de parures une œuvre moins robuste et moins éclatante eût apparu diminuée. On va juger que celle-ci était de taille à supporter les fastes de cette mise en scène. Elle est en vers qui peuvent compter parmi les plus sonores et les mieux rythmés, les plus harmonieux et les plus imagés, bref parmi les plus beaux vers de théâtre qui aient été écrits depuis longtemps ; on peut s'en rendre compte aujourd'hui, et s'expliquer ainsi que la représentation donne le désir de les lire à tous les spectateurs qui n'auront pas eu la chance, meilleure, d'aller les entendre à la scène après les avoir lus.

C'est la première pièce que nous publions de l'un et de l'autre auteurs. Mais, si M. Sébastien-Charles Leconte est celui des deux dont l'œuvre poétique est la plus copieuse (cinq à six volumes de vers : *le Bouclier d'Arès, les Bijoux de Marguerite, la Tentation de l'Homme, le Sang de Méduse, l'Esprit qui passe*, et de grands poèmes : *Salamine*, *l'Absolution*) M. André Dumas est peut-être le mieux connu de nos lecteurs par les poésies que, depuis une douzaine d'années, *L'Illustration* a publiées de lui.

M. Sébastien-Charles Leconte n'a pas avec Leconte de Lisle qu'une partielle homonymie ; il y a une indiscutable analogie entre la nature de son talent et celle du grand écrivain des *Poèmes barbares* et des *Poèmes tragiques* ; mais avec quelle personnalité pourtant caractérisée ! Et quelle différence entre l'impassibilité hautaine du parnassien disparu et la fougue, sans cesse outrancière et toujours réfrénée, à la fois exaspérée et maîtrisée, de l'actuel président de la Société des Poètes français ! Tandis que les poèmes de Leconte de Lisle donnent l'impression d'avoir été taillés dans un marbre à la blancheur frigide les strophes de M. Sébastien-Charles Leconte ont les bruns et chauds reflets du bronze qui, jusque dans sa forme définitive, semble encore animé du tourment de sa fusion.

Tels de ses distiques sont jaillis de son imagination tout armés et pareils à ces compagnons d'armes d'Assuérus, décrits à l'acte III :

> ... mitrés d'or et cuirassés d'écailles.

La poésie de M. André Dumas, elle, est comme ces baigneuses que nous voyons au cours du même acte, dont l'une n'a que des voiles légers pour paraître devant le roi et dont l'autre a la délicieuse ingénuité de vouloir se présenter nue. Elle saurait se charger d'ornements, se parer de bijoux et de fards, si elle le désirait (qu'on se souvienne des vers qui commentaient les quatre dessins orientaux de M. Edmund Dulac dans notre dernier numéro de Noël) ; elle préfère pourtant être nue ; car un mystérieux souffle de vie circule et palpite en elle. Tendrement issue du cœur elle parle au cœur. Et subtile quoique sans artifices, d'une forme simple et très pure, elle atteint parfois, sans efforts et comme naturellement à la perfection. Ouvrez le volume *Paysages*, que M. André Dumas a publié, en outre de deux petites comédies ; vous y verrez des pages que l'on peut être assuré de retrouver plus tard dans les anthologies.

***

Comment leur vint l'idée d'écrire cette nouvelle *Esther*, après celle de Racine — qui avait lui-même écrit la sienne en 1689, alors qu'il en existait déjà trois autres ; celle de Desmarets, datée de 1670, celle de P. du Ryer, datée de 1644, celle du conseiller Mathieu, datée de 1585, mais combien oubliées ! — et comment se forma en même temps, dans l'esprit de M. André Dumas et de M. Sébastien-Charles Leconte, le projet de l'écrire en commun ? Les deux auteurs s'en sont expliqués dans différents journaux, avant la représentation :

« Un jour, l'un de nous, songeant à un « à-propos » à la gloire de Racine — dont nous sommes les respectueux et fervents admirateurs — eut l'idée de relire *les Deux Masques*. Le chapitre consacré aux deux Esther, celle de la Bible et celle de Racine, le frappa. « Rien de plus dur et de moins pieux, écrit Paul de Saint-Victor, que » ce « livre d'Esther », dont Racine » a fait une élégie si touchante ».

» L'idée d'écrire cette nouvelle *Esther*, dont l'éminent critique fournissait presque le scénario, lui vint aussitôt à l'esprit. Le hasard d'une rencontre décida de notre collaboration.

» En effet, peu de temps après, un soir d'hiver, comme, hanté par l'observation de Paul de Saint-Victor, l'un de nous — celui dont, par le privilège de l'âge, les cheveux sont noirs — feuilletait sa vieille Bible, une de ces précieuses Bibles familiales,

> Où l'on voit Dieu le Père en habit d'empereur,

il l'ouvrit sur ces versets, qui sont les premiers du *Livre d'Esther* :

« Au temps d'Assuérus, qui régnait » depuis l'Inde jusqu'à l'Ethiopie sur » cent vingt-sept royaumes, il arriva » en ce temps-là, que le roi Assuérus » étant assis sur son trône, à Suse, sa » capitale, il fit un festin à tous ses » princes et à ses serviteurs : l'armée » de Perse et de Médie, les grands seigneurs et les gouverneurs des pro» vinces étaient devant lui. Il montra » la gloire et la richesse de son empire, » et l'éclatante magnificence de sa » grandeur, pendant un grand nombre » de jours, cent quatre-vingts jours... » Et, au bout de ces jours-là, le roi fit » un festin pendant sept jours, dans » la cour du palais du roi, à tout le » peuple qui se trouvait à Suse... Vas» thi, la reine, fit aussi un festin pour » les femmes, dans la maison royale » du roi Assuérus... »

» Et comme il poursuivait cette lecture évocatrice d'un fabuleux empire, d'une fastueuse et barbare civilisation, auprès de laquelle les *Mille et Une Nuits* et le khalife Haroun-Al-Raschid sont de pâles esquisses, comme se déroulaient dans ses yeux éblouis les visions prodigieuses de cette époque cruelle, somptueuse et splendide, son regard se reporta sur sa table où, voisin de la Bible, aux images coloriées, un tome était ouvert, un tome du divin Racine...

» Et ces vers chantèrent dans sa mémoire :

> Est-ce toi, cher Elise, ô jour trois fois heureux !
> Que béni soit le ciel qui te rend à mes vœux !

» Par quel mystère du génie, dans l'âme et sous la main d'un Racine, cette redoutable orgie, ce festin colossal, prélude d'une sombre intrigue de sérail, plus farouche que celle où Bajazet, Acomat et Roxane heurtent leurs violentes passions, par quelle transposition sublime ce drame formidable, commencé dans les parfums terribles et les vins furieux, et qui se dénoue dans le sang de soixante-quinze mille victimes, jetées en pâture à la colère d'Esther, est-il devenu ce poème suave et délicieux dont M. Jules Lemaître a dit si exquisement « que la Muse de la tragédie y » paraît enveloppée de voiles neigeux » et ceinte des rubans bleus d'une élève » de catéchisme de persévérance ? »

» Et comme il rêvait à ce paradoxe merveilleux, alors entra celui des deux poètes de la nouvelle *Esther* qui est l'aîné, et dont les cheveux sont gris.

» Tous deux parlèrent de l'Orient, de cet Orient où l'aîné avait vécu longtemps, de ce ciel éternellement bleu, de ces terres de ruines où le sol est bossué par des écroulements d'empires, où les mottes de terre que le poète heurte du pied se sont appelées et s'appellent encore le débris colossal de Ninive, de Suse, d'Ecbatane, de Thèbes et de Persépolis.

» Ce ne sont plus que des noms, mais quels beaux noms !

(Voir la suite à l'avant-dernière page de la couverture.)

ESTHER

PRINCESSE D'ISRAËL

DRAME EN QUATRE ACTES

par

MM. ANDRÉ DUMAS et SÉBASTIEN-CHARLES LECONTE

A ANDRÉ ANTOINE
SES ADMIRATEURS ET SES AMIS
A. D. ET S.-CH. L.

M. ANDRÉ DUMAS.
Phot. Bert.

M. SÉBASTIEN-CHARLES LECONTE.
Phot. Pierre Petit.

Esther *a été représentée pour la première fois, le 5 janvier 1912, au Théâtre de Monte-Carlo et à Paris, le 8 février 1912, au théâtre de l'Odéon.*

DÉCORS DE VISCONTI. — DESSIN DE LÉON FAURET. — PHOTOGRAPHIES DE LARCHER.

PERSONNAGES

	THÉATRE DE MONTE-CARLO (5 janvier 1912.)	THÉATRE DE L'ODÉON (8 février 1912.)
Esther	Mmes VENTURA.	Mmes VENTURA.
Vasthi	DIONE.	DIONE.
Lyda	ANDRÉE PASCAL.	ANDRÉE PASCAL.
Mnasis	G. DE FRANCE.	G. DE FRANCE.
Thamar	GUYTA RÉAL.	MÉTHIVIER.
Hellé	CHAPELAS.	CHAPELAS.
Mandane	DAVID.	ROSAY.
Amensé	NAVARRA.	NAVARRA.
Miriam	DELMAS.	DELMAS.
Tobula	BARAT.	BARAT.
Assuérus	MM. JOUBÉ.	MM. JOUBÉ.
Mardochée	DESJARDINS.	DESJARDINS.
Aman	GRÉTILLAT.	GRÉTILLAT.
Mémucan	CHAMBREUIL.	CHAMBREUIL.
Chtésias	COLAS.	DENIS D'INÈS.
Un Héraut	HERVÉ.	HERVÉ.
Asac	PUJENC.	BACQUÉ.
Habana	MALAVIÉ.	MALAVIÉ.
Le Scribe lecteur	BAUMÉ.	BAUMÉ.
Un Archer	COLAS.	BONVALLET.
Le Chef des échansons	DUBUS.	DUBUS.
Un Officier du palais	DERVIGNY.	OETTLY.
Pasapherne	DERVIGNY.	DERVIGNY.
Danseuses	Mlles AYMOS et ISIS.	Mlles AYMOS et ISIS. ZERKA et ISÉ KRANIL.

Les passages entre astérisques sont modifiés à la scène conformément aux « Notes pour la représentation » indiquées en dernière page, ou sont totalement supprimés.

SCÈNE II. — Vasthi : « *Sache que tu paieras chèrement ta folie !...* »

ESTHER

ACTE PREMIER

(PROLOGUE)

LE FESTIN ROYAL

Une grande salle du palais d'Assuérus, à Suse. De hautes colonnes élancées, dont l'originalité réside avant tout dans les chapiteaux, formés du groupe de deux taureaux adossés, supportent le plafond. Murs à droite et à gauche, qui peuvent être décorés de fresques ou recouverts de tapisseries. Le fond de la scène est fermé par des tentures. Quelques-unes pourtant sont relevées et l'on découvre, dans l'entre-colonnement, un décor nocturne, avec des palais, de grands arbres. A droite, sorte de grande loggia où paraîtra Vasthi. Entrée au fond, dans l'entre-colonnement. Entrée dérobée à droite, pour les serviteurs venant des cuisines. Lits. Coussins. Lampadaires. Beaucoup de fleurs partout. Cratères enguirlandés de roses.

Scène première

ASSUERUS, MEMUCAN, UN HERAUT, LE CHEF DES ARCHERS, LE CHEF DES ECHANSONS. Convives nombreux, parmi lesquels CHTESIAS, ARSITES, ASAC, HABANA, PASAPHERNE. Jeunes favorites, parmi lesquelles PHREE, AMENSE, TOBULA. SERVITEURS, ESCLAVES, ARCHERS, etc.

Le roi, vêtu de la *kandys*, sorte de robe médique que l'or de ses broderies et sa couleur pourprée distinguent des robes des autres convives, coiffé de la *kitaris*, mitre en feutre qu'une bandelette blanche serre conre le front comme un diadème, est assis, à gauche du spectateur, sur son trône, surmonté d'un grand baldaquin de pourpre. Il tient en main son sceptre d'or. Il est un peu caché, au début de l'acte, par les principaux de ses chefs qui l'entourent, et par une esclave, debout auprès de lui, qui agite autour de sa tête un grand éventail de plumes. Satrapes, sages, nobles de tous rangs. Les convives, réunis par groupes, boivent, mangent et causent. Tout le grouillement d'un festin. Des serviteurs, de jeunes esclaves vêtues de gazes, apportent des plats ou répandent des fleurs.

CHTÉSIAS

Voilà déjà sept jours que dure le festin.

ARSITÉS

Sept nuits que nous buvons, couchés jusqu'au matin,
Dans ce palais fameux que la pourpre décore.

LE CHEF DES ÉCHANSONS

Esclaves, remplissez les coupes...

HABANA

Boire encore!
Mais je suis ivre.

UNE JEUNE ESCLAVE

Vins d'Egypte...

UN SERVITEUR

Paons farcis...

ARSITÉS

Pour chasser nos langueurs et noyer nos soucis,
Les viandes et les vins sont les meilleurs remèdes.

HABANA

Vive Assuérus, roi des Perses et des Mèdes!

ASAC

Quel monarque avant lui nous convia jamais
A boire de tels vins, à manger de tels mets,
Dans ces vases d'argent taillés par les orfèvres?

UNE JEUNE ESCLAVE

Des raisins...

CHTÉSIAS

Des raisins... Donne plutôt tes lèvres.
C'est un fruit savoureux à la fin d'un repas.

DE JEUNES ESCLAVES, qui descendent la scène tout en jetant à profusion des fleurs autour d'elles.

Jeunes filles, semons des roses sous nos pas.

HABANA

Des fleurs!... Des fleurs!... Des fleurs!... C'est toute une
[avalanche.

Les jeunes esclaves passent, remontent la scène et se dispersent à droite et à gauche.

PASAPHERNE, regardant Mémucan, qui vient d'entrer, suivi d'autres sages, et qui va prendre place auprès du roi.

Quel est, dis-moi, ce grand vieillard à barbe blanche?

CHTÉSIAS

C'est Mémucan, le chef des Mages, le devin
Dont le Roi, qui jamais ne le consulte en vain,
Aime à prendre conseil dans les cas difficiles.

DES SERVITEURS

Grenades... Figues... Fruits du Liban...

UN AUTRE

Vins des îles
De Crête et de Samos, pouvant rivaliser
Avec les plus vieux vins de l'Hellade.

ARSITÉS, à une jeune esclave qui passe.

Un baiser.

UN AUTRE GROUPE D'ESCLAVES, qui descendent, jetant des fleurs.

Tapissons tout le sol de gerbes et de grappes.

CHTÉSIAS, regardant le roi.

Entouré de seigneurs, de princes, de satrapes
Qui tremblent chaque fois qu'il fronce les sourcils,
Le sceptre en main, le front ceint de la mitre, assis
Sur le trône ancestral des Chefs achéménides,
Le roi, qui nous convie à ces fêtes splendides,
Où tant d'éclat à tant de richesse se joint,
Que parfois nous doutons si nous ne rêvons point,
Veut que les chefs du peuple, admis en sa présence,
Le puissent contempler dans sa magnificence,
Comme on peut dans sa gloire admirer le soleil.

ASAC

Et tandis que Vasthi, dans un festin pareil,
Vasthi, qu'aucun de nous ne pourrait, face à face,
Contempler sans payer de sa mort son audace,
Vasthi, dont le nom seul inspire un vague effroi,
Réunit les sept cents concubines du Roi,
Il nous offre lui-même, en sa largesse immense,
Ce repas qui sitôt achevé recommence,
Et les plats merveilleux se succèdent sans fin.

PASAPHERNE

Et quand nul n'a plus soif et que nul n'a plus faim,
Et que l'excès des biens pourrait nous rendre tristes,
Des danseuses de tous les pays, des choristes
Syriennes, des nains et des mimes adroits,
Surgissant tout à coup aux pieds du Roi des Rois,
Par des jeux variés charment notre indolence.

HABANA

Mais, justement, voici des danseuses... Silence.

Deux danseuses font leur entrée, vêtues de tuniques de gaze. Fleurs dans les cheveux serrés de bandelettes. Lèvres peintes. Grands yeux noirs agrandis encore par le fard. Pieds nus dans les sandales. Anneaux aux bras et aux jambes. Colliers à trois rangs sur la poitrine. Une musique, d'abord douce et lente, qui s'avive et s'exaspère peu à peu, accompagne les danseuses. Elles se tiennent par la main, se quittent, se reprennent, cambrent les reins, se renversent, etc. Un moment d'admiration silencieuse.

CHTÉSIAS

Sous leurs beaux voiles, clairs comme l'eau des bassins,
On voit frémir leurs corps et palpiter leurs seins.
Leur couple à tout instant se noue et se dénoue.
Et la danse qui, vive ou lente, les secoue,
Fait tinter les shekels de leurs triples colliers...

ARSITÉS

Danseuses de mystère aux regards singuliers,
Qu'un élan, qu'une ivresse indicible soulève,
Elles dansent, comme en extase, comme en rêve...

ASAC

Puis, leur ivresse tombe et tout s'évanouit...
Leurs claires visions se perdent dans la nuti,
Sans qu'un mot soit tombé de leurs lèvres fardées...

HABANA

Le Maître ne les a pas même regardées.

Les danseuses, en effet, ont dansé quelques minutes, puis, peu à peu, leurs mouvements se sont ralentis. La musique s'est apaisée, et, tout en dansant encore, elles ont disparu lentement, à reculons. Mais le roi, pensif, n'a pas même jeté un regard de leur côté.

PASAPHERNE

Peut-être Assuérus, qui nous a, cette nuit,
Comblés de tous les biens que l'univers produit,
Ne pouvant rien de plus, songe-t-il, soudain triste,
Que même à sa puissance une limite existe.

CHTÉSIAS

Non, Asac. Le Roi peut ce qu'il veut. Même on dit
Qu'il nous réserve encore un spectacle inédit,
Un spectacle!...

ASAC

Et lequel?

CHTÉSIAS

Je ne sais. Mais regarde...

Il fait un signe. Il parle aux archers de sa garde,
Qu'on voit ensuite à pas rapides s'en aller...

ASAC

Que peut-il dire?

ARSITÈS

Vois!... Le héraut va parler.
Ton attente sera, grâce à lui, satisfaite.

Le héraut, porte-paroles du roi, s'avance et s'adresse, à haute voix, aux convives.

LE HÉRAUT

O vous tous que le Maître admit à cette fête,
Salut à vous!... Le Roi des Rois Assuérus,
Dont l'empire s'étend du Bosphore à l'Oxus,
De l'Inde aux bords du Nil où le soleil se couche,
Daigne dans cet instant vous parler par ma bouche.
Sept nuits durant, se sont succédés devant vous,
Des bouffons phrygiens et des jongleurs hindous.
Des danseuses de Tyr ou de Thèbes venues,
Devant vous ont dansé leurs danses, toutes nues,
Et des mimes d'Egypte ou de Syrie, aux corps
Onduleux, ont rythmé leurs gestes aux accords
Des joueuses de luth, de harpe et de cithare...
Mais, voulant vous offrir un spectacle plus rare,
Voulant que vous puissiez, ce soir, en un moment
D'inexprimable extase et d'émerveillement,
Contempler, dans sa gloire unique et triomphale,
Celle dont la beauté demeure sans rivale,
Le Roi des Rois, dompteur des peuples à genoux,
Ordonne que Vasthi paraisse devant nous.

Murmures de surprise. Étonnement général.

PLUSIEURS CONVIVES

Vasthi!

UN AUTRE

Vasthi qui vit, glorieuse et sacrée,
Loin de nous, d'un mystère éternel entourée!

UN AUTRE

Vasthi, dont nul mortel n'aurait pu jusqu'ici
Contempler la splendeur surhumaine!

A ce moment, dans la loggia, paraissent plusieurs femmes, compagnes de Vasthi, qui précèdent la Reine.

UN CONVIVE

Voici
Les femmes qui toujours la précèdent...

Puis, Vasthi elle-même parait, grande, brune, hautaine. Moment d'émotion chez tous les convives.

Scène II

LES MÊMES, VASTHI, LES SUIVANTES DE VASTHI

CHTÉSIAS, *au moment où elle parait.*

C'est elle,
L'Astarté rayonnante et l'Istar immortelle!
Rien qu'en l'apercevant tous nos cœurs ont battu...

VASTHI, *qui s'arrête, fière, et s'adresse directement au roi.*

Roi des Rois, tu m'as fait appeler... Que veux-tu?

ASSUÉRUS

O Reine, en ce festin qui toujours recommence,
J'ai groupé les puissants de mon royaume immense,
Pour que mon peuple, instruit par eux, connaisse mieux
Le faste et les grandeurs de son roi glorieux,
Car moi, dont tout l'empire admire les largesses,
J'éprouve un juste orgueil à montrer mes richesses.
Mais, parmi tant de biens dont les dieux m'ont doté,
Quelle merveille, ô Reine! avec plus de fierté
Que ta toute beauté radieuse et parfaite
Puis-je montrer aux chefs admis à cette fête?
Donc, je veux — et c'est l'ordre ici du Roi des Rois —
Que te dressant, debout, le front haut, les seins droits,
Ceinte du diadème où tremblent mille étoiles,
Tu laisses à tes pieds s'abattre tous tes voiles,
Pour qu'en toute sa gloire éclate à tous les yeux
La splendeur de ton corps dont je suis orgueilleux.

VASTHI, *très hautaine.*

Roi des Rois, ma surprise est grande, je le jure:
Pour donner un tel ordre où je vois une injure,
Sans doute as-tu le cœur réjoui par le vin.
Mais, qu'importe? Commande. Ordonne. Tout est vain.
Je n'obéirai point à ton ordre barbare.
Jadis de ma beauté tu semblais plus avare.
Ce corps, que ta parole insulte en ce moment,
Tu le cachais à tous, alors, obstinément,
Ne souffrant même pas qu'un être humain me voie,
Tel un tigre jaloux qui garde bien sa proie.
*[Mais à présent qu'au cours d'un fabuleux repas
Tous ceux qu'en ce palais ancestral tu groupas
Ont pu, jour après jour, s'éblouir de ta gloire,
A présent qu'ils ont pu, sept nuits, manger et boire
Dans ces vases d'argent empruntés au trésor
Que prit aux juifs le Roi Nabuchodonosor,
A présent que plus rien ne trouble tes convives,
Ni les jeux des bouffons, ni les danses lascives
Des filles de l'Egypte aux longs gestes nerveux,
Toi, dans ta vanité formidable, tu veux,
Pour les émerveiller presque par un miracle,
Leur offrir le corps nu de la Reine en spectacle.]*
Non, non, non, Roi des Rois. Tu connais mal Vasthi
Si tu crus un instant qu'elle aurait consenti
A s'incliner devant des ordres de la sorte.
Ton orgueil trouverait, as-tu dit — que m'importe? —
Une secrète joie à m'exposer ainsi.
Mais mon orgueil, à moi, n'en prends-tu point souci?

ASSUÉRUS

Reine, tous tes discours sont empreints de folie.
Ton orgueil, se peut-il que ton Roi l'humilie,
Alors qu'à ta beauté glorieuse il prétend
Fournir l'occasion d'un triomphe éclatant?
Ecoute bien. Je t'offre une ivresse inconnue.
Heureuse d'être belle et fière d'être nue,
Tête haute, le corps droit comme un épi mûr,
Tu seras la beauté qui plane dans l'azur,
Dans l'immobilité des choses éternelles.
Dardant sur toi les feux de leurs doubles prunelles,
Les hommes frémiront, lorsque, dans un éclair,
Le marbre harmonieux et souple de ta chair
Jaillira, blanc et nu, de tes voiles de gaze.
Et toi, sentant passer le grand frisson d'extase
Dont tous en te voyant auront le cœur saisi,
Tu vivras un instant surhumain, comme si
Nos admirations te soulevaient du monde,
Et tu croiras quitter la terre, une seconde.

VASTHI

C'est tout?

ASSUÉRUS

J'ai dit.

VASTHI

Et moi, je l'affirme à présent,
Rien ne peut faire, ni menace, ni présent,
Que je me prostitue à la foule profane
Ainsi qu'une captive ou qu'une courtisane.

Et quel que soit ton ordre, aujourd'hui comme hier,
Je resterai le sphinx inexorable et fier,
L'idole énigmatique aux grands yeux d'épouvante,
Et nul ne connaîtra ma beauté, moi vivante.

ASSUÉRUS, *en colère.*

Plus un mot. J'en ai trop entendu. Tu te crois
Le droit de discuter l'ordre du Roi des Rois,
Mais tu sauras le prix de ton erreur funeste,
Car, pour toi, cent fois mieux eût valu, je l'atteste,
Toi-même te couper la langue, avec tes dents,
Que de jeter au Roi ces défis imprudents.

Se tournant vers Mémucan.

Mais, dis-moi, toi, le chef des Mages de la Perse,
Toi dont l'esprit, formé par tant de veilles, perce
Les mystères et sait dévoiler l'avenir,
Des paroles qu'au Roi la Reine osa tenir,
Quel peut être, crois-tu, le plus juste salaire?

MÉMUCAN

O Roi, vis à jamais!... Puisque, dans ta colère
Légitime, il te plaît d'avoir mon sentiment,
Je dirai que la Reine a péché gravement,
Qu'aveuglément docile aux volontés du maître,
Elle eût dû, comme épouse, à l'époux se soumettre,
Elle eût dû, comme Reine, obéir à son Roi.
Vasthi donc a péché doublement contre toi.
Et, dans tous tes Etats, tes sujets pourraient croire
Qu'ils peuvent, sans périls, t'offenser dans ta gloire,
Si son crime restait impuni. Frappe donc
Sans faiblesse l'épouse indigne. Le pardon
Serait coupable alors que l'exemple demeure.
La Reine a mérité de mourir...

ASSUÉRUS, *d'une voix terrible.*

Qu'elle meure!

VASTHI, *demeurée impassible.*

Qu'elle meure! as-tu dit. C'est bien. Prête au trépas,
L'orgueilleuse Vasthi ne te suppliera pas.
Mais se peut-il, pour plaire à tes compagnons ivres,
Que sans même un regret à la mort tu me livres,
Moi qui, ton seul amour et ton bien le plus cher,
Fus le cœur de ton cœur et la chair de ta chair?
Quels jours vaudront pour toi, même les plus célèbres,
Ces soirs où vers le lit tremblant dans les ténèbres,
Je t'entraînais, dompté dans ta rébellion,
Ainsi que la lionne entraîne le lion?
Songe à nos belles nuits de luxure et de joie,
A mon corps palpitant dont tu faisais ta proie,
A mes cheveux défaits, épars sur les coussins,
A tes lèvres cherchant mes lèvres et mes seins,
Songe aux battements fous du sang dans tes artères,
Lorsqu'à mon Roi fougueux j'étais mes mystères.
Souviens-toi...

ASSUÉRUS, *au comble de la rage.*

Je ne veux me souvenir de rien.
A mort! A mort! A mort!

VASTHI

Tu persistes. C'est bien.
Mais, sans avoir l'esprit prophétique des sages,
Je veux, avant ma mort, t'apporter des présages.
Sache donc, Roi cruel, sache donc que jamais
Tu n'aimeras personne autant que tu m'aimais,
Sache que tu paieras chèrement ta folie,
Car, moi, je ne suis pas de celles qu'on oublie.
Tes femmes, vainement, voulant se faire aimer,
De cinname et de nard se pourront parfumer,
En vain elles pourront, perverses ou cyniques,
Sur leurs corps trop fardés entr'ouvrir leurs tuniques,
Leurs manèges grossiers te seront importuns.
Cherchant partout ma voix, mes regards, mes parfums,
N'ayant plus qu'un désir, n'ayant plus qu'une idée:
Me posséder, ainsi que tu m'as possédée,
*[Tu vivras, morne, triste, inquiet, poursuivi
Par un besoin de moi toujours inassouvi,
Et, toujours plus aigus, tes souvenirs tenaces
Me vengeront!...

ASSUÉRUS

Comment! folle! Tu me menaces!
Ton supplice expiera tes blasphèmes.

VASTHI

Tais-toi.
J'accepte de mourir. Tu ne peux rien sur moi.
Mes imprécations, du reste, sont finies.
Je te livre à l'horreur des longues insomnies,
Des longs après-midi vides, mornes et lents.
Les nerfs crispés, percé de cent désirs brûlants,
Ayant faim de mon corps, ayant soif de mes lèvres,
Tu pourras m'appeler pendant tes nuits de fièvre,
Et te tordre les bras, et te mordre le poing,
Vasthi, sourde à jamais, ne te répondra point.
Les peuples ignorants admireront ta gloire.
Mais toi, tu ne pourras chasser de ta mémoire,
Roi taciturne, inapte à tout bonheur humain,
La morte à l'œil fatal que je serai demain.

ASSUÉRUS, *hors de lui.*

Ma flèche inévitable, en ta gorge crispée,
Fera rentrer tes cris!... Tiens!... Meurs!...

Il bande son arc et tire.

VASTHI

Il m'a frappée!
C'est fait!... Le coup fut sûr. — Femmes, emportez-
[moi... —
Je vais donc, par ton crime inexpiable, ô Roi!
M'endormir à jamais dans la nuit sans aurore.
Mais tu n'oublieras point, je le répète encore,
Celle qui tant de fois s'est pâmée en tes bras.
Tu me désireras... Tu me désireras.]*

Vasthi défaille. Moment d'horreur.

Scène III

LES MÊMES, *moins Vasthi et ses suivantes.*

UN CONVIVE, *après un silence.*

Tous se taisent. Moment effroyable!

UN AUTRE

La Reine
S'évanouit aux bras des archers.

UN AUTRE

On l'entraîne.

On entraîne Vasthi. Le Roi, comme accablé par l'effort qu'il vient de faire, retombe sur son trône et s'accoude, hagard, sans mot dire.

UN AUTRE CONVIVE

Le Roi regarde, pâle, immobile, anxieux.

UN AUTRE

Un voile de tristesse a passé dans ses yeux.
Craindrait-il que déjà la vengeance s'apprête?

UN AUTRE

Quelqu'un vient.

UN AUTRE

C'est le chef des archers.

UN AUTRE

Il s'arrête.

Il va parler.

LE CHEF DES ARCHERS

La Reine, ô Roi chéri des dieux!
Vient de payer le prix de son crime odieux.
Tes serviteurs à peine avaient passé la porte,
Que Vasthi rendit l'âme.

ASSUÉRUS, *hagard.*

Elle est morte?...

LE CHEF DES ARCHERS

Elle est morte.
Et ses femmes, déjà, les yeux remplis de pleurs,
L'emportent...

ASSUÉRUS

Ah! Tais-toi, messager de malheurs!

UN SATRAPE

Grand Roi, qu'aucun souci ne t'effleure. Ton âme
Peut-elle s'émouvoir des propos d'une femme?
La Reine a justement expié son forfait.
C'est bien. N'y pense plus. Bois, mange.

ASSUÉRUS, *sans l'entendre.*

*[Ah! Qu'ai-je fait?
Qu'ai-je fait? Tous ses mots sonnent à mes oreilles.

TOBULA, *qui s'avance devant le trône, accompagnée de Phrée et d'Amensé.*

Nous t'offrons, bien-aimé, des voluptés pareilles
A celles que t'offrait Vasthi. Nous sommes là,
Tes favorites. Phrée, Amensé, Tobula
Sauront bien dissiper le chagrin qui te ronge.

ASSUÉRUS, *même jeu.*

Serais-je le jouet de quelque horrible songe?
Mais non. Je suis bien là, vivant. Tout est bien vrai.
Jamais plus, jamais plus, je ne la reverrai.

AMENSÉ

Que faire?

PHRÉE

Quel espoir lui donner qui rapporte
L'heureuse insouciance en son âme?

TOBULA

La morte
Nous aurait-elle pris le cœur de notre Roi?]*

MÉMUCAN

O Maître, je partage et comprends ton émoi.
Mais, quand l'immense empire en richesses abonde,
Ne peut-on découvrir, pour le dompteur du monde,
Dans tout le peuple à ton pouvoir assujetti,
Une femme pouvant faire oublier Vasthi?
L'univers t'appartient. Donne un ordre. Commande.
Demain tous les Etats qui te doivent l'offrande
De leur pourpre, leur blé, leur ivoire et leur or,
Te paieront un impôt plus précieux encor.
Qu'en toutes les cités où ta puissance plane,
Qu'à Ninive, Memphis, Babylone, Ecbatane,
Qu'à Thèbes, fleur du Nil, Tyr, perle de la mer,
Tes satrapes, levant le tribut de la chair,
Pour toi récoltent, dîme entre toutes choisie,
L'éclatante moisson des vierges de l'Asie!
Et, parmi ces beautés sans nombre, t'apportant
Leur jeunesse en sa fleur première, parmi tant
De filles du levant et du couchant venues,
Si quelque vierge douce, aux grâces ingénues,
Sait délivrer ton cœur malade, ô Roi des Rois!
Vasthi morte mourra pour la seconde fois...
Tels sont de tes devins les avis très sincères.
Daigne donner à tous les ordres nécessaires,
Et bientôt...

ASSUÉRUS, *qui, peu à peu, a prêté attention aux conseils de Mémucan, consentant à tenter l'épreuve*

Qu'un édit soit promulgué!

MÉMUCAN

C'est dit
Les satrapes bientôt connaîtront tous l'édit,
Et bientôt, formidable et charmante cohue,
Mille vierges, rêvant toutes d'être l'élue,
Joncheront de leurs corps les parvis de tes cours...
Pour ce soir, oubliant la morte et ses discours,
Buvons aux vases d'or enguirlandés de roses!
Que les parfums des fleurs nouvellement écloses
Se mêlent aux parfums des femmes, que les mets
Somptueux, les vins tels qu'on n'en connut jamais,
Se succèdent sans fin portés par les eunuques,
Et que les tambourins, les flûtes, les sambuques
Egayent jusqu'au jour ce merveilleux repas!

Tout le mouvement du festin va reprendre. Les échansons se disposent à remplir les coupes. Des serviteurs arrivent, portant d'autres plats. Une musique commence à jouer. Les jeunes filles du commencement de l'acte redescendent la scène en jetant des fleurs autour d'elles.

DE JEUNES ESCLAVES

Jeunes filles, sémons des roses sous nos pas.

RIDEAU

Assuérus : « *Ma flèche inévitable, en ta gorge crispée*
Fera rentrer tes cris!... Tiens!... Meurs!... »

SCÈNE III. — Esther : « ... Et l'astre de Vasthi brûle dans mes cheveux ! »

ACTE II

LE COURONNEMENT D'ESTHER

Une cour intérieure dans le palais des rois achéménides, à Suse. Au fond, une muraille nue ferme la perspective et barre la scène. Une porte colossale dans ce mur, flanquée de deux taureaux assyriens. Enormes vantaux de bronze, ouverts au début de l'acte, à l'extérieur. Un large escalier praticable de quelques marches, que gardent des lions de pierre, descend de la porte au pavé de la cour. A gauche, la porte du gynécée. Au-dessus, un balcon, des fenêtres grillées. Au lever du rideau, les archers de la garde royale veillent à la porte du fond. Les femmes, dans la cour, se groupent en diverses attitudes. Toutes attendent un événement proche.

Scène première

SITA, MANDANE, MYRRHA, MIRIAM, HELLE, SALOME

MANDANE

Nul signe n'a paru des volontés du Maître.

MIRIAM

Assuérus se tait et rien n'a fait connaître
Quelle est celle de nous qui succède à Vasthi.

SITA

L'on ne sait rien. Le Roi des Rois, anéanti
Dans son deuil formidable et qu'une ombre enveloppe,
Voit les vierges d'Asie et les vierges d'Europe
Passer, l'une après l'autre et toujours, devant lui,
Sans que, dans sa prunelle, une étincelle ait lui.

MANDANE

La morte encor le hante, et rien ne le console.

MIRIAM

Pas un geste pour nous! et pas une parole!...

SITA

Nulle n'arrachera l'herbe de son ennui.

MANDANE

Nulle étoile jamais n'éclairera sa nuit.

Arrive Myrrha.

Et toi, que sais-tu?

MYRRHA

Rien! Mais il m'a regardée
Longuement.

Rires de femmes.

MANDANE

Ce matin, ta mère t'a fardée
Elle-même, et t'a mis au cou ces vieux émaux.

SITA

Moi, la mienne m'apprit de redoutables mots,

De ces mots que l'on dit, le soir, au bord des fleuves...
Chez nous...

Sita et Myrrha s'éloignent. Reste le groupe formé de Mandane, Salomé et Hellé.

MANDANE

Moi, j'ai subi de savantes épreuves.
Les sorcières de mon pays m'ont dit comment
On s'attache un époux et l'on garde un amant.

SALOMÉ

Et moi, j'ai des secrets sans nom; un philtre étrange
Que jadis m'ont donné les prêtresses du Gange.

MANDANE

Les oiseaux viennent boire aux coupes de mes seins.

SALOMÉ

Mon corps blanc garde encor la fraîcheur des bassins.

HELLÉ

Et moi, tout simplement, je l'aime.

MANDANE

Bah! Tu l'aimes,
Parce que sur son front cent vingt-sept diadèmes
Flamboient, et que son trône est d'or.

SALOMÉ

Et moi, je crois
Qu'un Roi sage devrait choisir toutes les trois.

Scène II

LES MÊMES, THAMAR

Thamar apparaît en haut des marches et descend, rapide et souple. Les femmes s'empressent, curieuses, autour de la porteuse de nouvelles.

THAMAR

Trop tard!... Le Roi des Rois a prononcé...

On l'entoure, on la presse. Elle rit.

Les folles!
Laissez-moi donc parler!

MANDANE

Parle! Si tes paroles
Ne mentent point!

SITA

Dis-nous son nom!...

MYRRHA

Dieux de l'Ether!
Protégez-moi!...

THAMAR

Le nom de la Reine est Esther!

MANDANE

Esther?... Qui donc connaît Esther?...

MIRIAM

Pauvre petite!

SITA

N'est-ce pas cette enfant qu'un très vieux parasite
En haillons, un hideux mendiant, un matin
Amena, — l'on ne sait de quel pays lointain?

SALOMÉ

Une fille sans nom?

MIRIAM

De naissance inconnue,
D'on ne sait quelle terre étrangère venue,
Dont les parents peut-être ont été mis en croix.

MANDANE

Le Roi l'a préférée à vingt filles de rois,
Et l'antre du lion va s'ouvrir aux hyènes.

MIRIAM

Allons! consolez-vous, mes belles Aryennes!
Thamar doit se tromper.

THAMAR

Je ne me trompe pas!
Ecoutez la rumeur qui grandit sur mes pas.
Le Roi, selon l'antique usage de l'empire,
Veut que son peuple, une heure, en frémissant, admire
Celle que pour régner a désigné son choix.
Les archers ont ouvert les portes...

Une immense rumeur vient des jardins royaux qu'on découvre par la porte ouverte. Esther, immobile en la pose hiératique des idoles, est visible un instant dans le lointain.

HELLÉ

Je la vois.

Le tumulte grandit au dehors. La foule bariolée qui envahissait la porte est repoussée par les gardes. Entre les taureaux, gardiens du seuil, debout dans la gloire de sa robe de pierreries, le front cerclé de la mitre persane à trois rangs de perles et de gemmes, étincelante, fulgurante, Esther apparaît sur la plus haute marche de l'escalier qui descend vers la cour intérieure.

Scène III

LES MÊMES, ESTHER, LES HÉRAUTS DE L'EMPIRE, LES ARCHERS

Esther demeure immobile, impassible. Derrière elle un groupe de satrapes. Le chef des hérauts, une marche au-dessous d'elle. Sonnerie de trompettes. Les femmes s'inclinent et se prosternent dans l'attitude de l'adoration.

UN HÉRAUT

Assuérus, le Roi des Rois, l'Achéménide,
L'archer inévitable à la flèche rapide,
De qui nous proclamons l'unique volonté,
Annonce aux nations de l'univers dompté
Qu'en sa gloire plénière et sa force absolue
Il choisit pour épouse, entre toutes élue,
La vierge aux cheveux blonds dont le nom est Esther.

Les trompettes sonnent.

Sur ce trône que sa justice a fait désert,
Aux honneurs de Vasthi par le maître appelée,
Esther, que ceint de feux la mitre escarbouclée,
Recevra votre hommage, ô femmes! aujourd'hui.

Les trompettes sonnent pour la troisième fois.

Notre Maître a parlé par ma voix. — Gloire à lui!

LES FEMMES, se relevant.

*[Salut à toi! beauté! Salut à toi! Lumière!
De tes pieds glorieux nous baisons la poussière.

HELLÉ

Que notre Reine est belle!

MANDANE

Et que ses flancs sont beaux!

MIRIAM

Ses deux seins sont deux lys.

SITA

Et ses yeux deux flambeaux.

LES FEMMES

Louange à toi, Beauté! Louange à toi, Lumière!
Magnifique rayon de la clarté première,
Qu'admirent nos regards, que nos mains serviront.
Gloire à toi, belle Esther! Gloire à toi, dont le front
A ceint le diadème étoilé de merveilles!]*

L'idole éblouissante qu'est Esther s'anime soudain, et c'est pour lever les mains vers l'invisible Dieu sans image terrestre, humaine, douce et pieuse à présent, fière encore malgré tout, elle parle du haut des marches, d'une voix lente et lointaine.

ESTHER

Le Dieu que j'ai prié dans le jeûne et les veilles
S'est penché sur mon cœur pour entendre mes vœux.

Redevenant un instant souveraine.

Et l'astre de Vasthi brûle dans mes cheveux.

Un temps.

Mais quand Assuérus entre vous, m'a choisie,
Dieu seul m'a désignée au Maître de l'Asie.
Lorsque, sur son chemin, daignant m'apercevoir,
Le Roi des Rois m'a dit: « Tu régneras ce soir! »
C'est Dieu, dont la sagesse éternelle et profonde
A donné pour épouse au conquérant du monde,
Pour compagne à ses jours, pour esclave à ses nuits,
L'humble vierge inconnue et frêle que je suis.

Elle descend lentement les marches, et, parvenue au bas des degrés, se dirige, jeune et charmante, vers les femmes à la fois surprises et ravies. Puis, les enveloppant toutes d'un geste de tendresse confiante:

*[Et vous, mes sœurs! vous qui serez mes sœurs! vous [toutes,
Vous vivrez avec moi dans l'ombre de ces voûtes,
Dans le blanc gynécée où les parfums sont doux,
Et je ne serai rien, mes sœurs, qu'une de vous!]*

Au sommet des marches, le cortège se retire. Les vantaux de bronze sont repoussés, mais restent entre-bâillés cependant. La porte du gynécée s'ouvre, et les eunuques qui la gardent se rangent des deux côtés du seuil. Esther reprend:

Femmes! fleur de beauté des cent vingt-sept royaumes!
Roses de tous pays ayant tous les aromes!
Vous, Reines comme moi, moi, serve comme vous,
Nous serons désormais à notre unique époux.
Dans son unique amour nous vivrons confondues;
Et de nos bras ouverts, de nos gorges tendues,
De tous nos corps pâmés, tous nos cœurs frémissants,
Nos désirs monteront vers lui comme un encens...
— Et quand, cherchant au loin des rivaux à sa taille,
Il s'en ira, debout sur son char de bataille,
Nous l'attendrons ensemble entre ces murs sacrés...

Tendant les bras vers les femmes, souriante.

Et je vous aimerai comme vous l'aimerez.

Silence. Esther, précédant les épouses royales, se dirige vers la porte du gynécée. Parvenue sur le seuil, elle se retourne un instant et invite ses compagnes à la suivre. Toutes passent et disparaissent, sauf Mandane, Hellé, Miriam, demeurées un peu en arrière.

Scène IV

MANDANE, HELLÉ, MIRIAM, puis MARDOCHÉE

Mardochée vient de paraître, au fond, au sommet des marches. Spectre pareil à celui d'Élie le Thesbite, vêtu de haillons, illuminé, formidable.

HELLÉ

Moi, je l'aime déjà.

MYRRHA

Sa grâce m'a touchée.

HELLÉ, *apercevant Mardochée.*

Un homme ici! Que nous veut-il?

MANDANE

C'est Mardochée!
C'est le sombre vieillard prophétique aux yeux fous,
Lui, qui rôde toujours aux portes... Sauvons-nous!

MIRIAM

Un homme! Sauvons-nous bien vite!

Elles disparaissent. Sur les vantaux de la porte du gynécée, demeurés entr'ouverts retombe une lourde tenture.

Scène V

MARDOCHÉE

Surpris lui-même de son audace, il pénètre dans la cour interdite. Une rumeur au dehors. Sans doute les archers repoussent la foule qui emplissait les jardins.

Ne verrai-je
Donc pas ma radieuse Esther?...

Il s'arrête au milieu de la cour devenue vide et silencieuse.

Non!... Son cortège
A dépassé le seuil aux hommes interdit.
Tout a fui. Le silence autour de moi grandit.
J'aurais pourtant voulu, caché sur son passage,
Perdu dans cette foule épiant son visage,
Deviner, dans l'éclair de ses prunelles d'or,
Si ses yeux, éblouis de gloire, voient encor
Les anges du Seigneur qui marchent dans sa voie.

Il se tourne vers la porte du gynécée.

Le profond gynécée a déjà pris sa proie.

Il s'assoit sur les marches et songe.

L'orpheline, trouvée au fraternel linceul,
Qu'enfant j'ai recueillie entre mes bras d'aïeul,
Vierge que ma maison, sur sa pauvre terrasse,
Vit éclore et fleurir au sang de notre race,
— Celle pour qui, courbé sur son front puéril,
A l'heure où les palmiers de la cité d'exil
Epandaient une paix servile sur nos têtes,
J'évoquais notre histoire aux chants de nos prophètes,
— Calice où j'ai versé, comme un philtre cruel,
La colère, l'orgueil et l'espoir d'Israël, —
Elle est là! toute proche, à la fois, et lointaine!...
— Je ne la verrai pas...

Il lève la tête, écoute le silence qui pèse, accablant.

Dans cette paix soudaine,
Midi brûle. Les bruits de fête sont éteints.
La foule, tout à l'heure, emplissait les jardins.
Les archers l'ont poussée, inerte, hors des portes.

Scène VI

MARDOCHEE, UN ARCHER

L'ARCHER, *survenant brusquement.*

Que fais-tu là, pourceau?

MARDOCHÉE, *immobile.*

Que veux-tu?

L'ARCHER

Que tu sortes!...
Va rôder, si tu veux, sur le seuil des palais.
C'est ta place, aussi bien. On sait que tu t'y plais.
Les mendiants de ta façon sont la vermine
De ces murailles...

MARDOCHÉE, *marchant vers l'archer, ses yeux flamboyant à travers la broussaille des cheveux.*

Ceux que l'esprit illumine
Et qui parlent à Dieu peuvent tendre la main.
Sais-tu s'ils ne seront pas tes maîtres demain?

L'ARCHER

*[Je ne sais rien, sinon que je ne sers qu'un maître,
C'est Aman, qui voit tout et qui sait tout. Peut-être
Ce qu'est Aman, chef du palais, l'ignores-tu?
Le front ceint de la mitre et de joyaux vêtu,
Il porte au doigt l'anneau royal, et sa justice
Te clouera par les pieds au poteau du supplice.

MARDOCHÉE

Non, non. Car une force invisible soutient
Ceux qui mettent en Dieu leur espoir... Mais on vient,]*
C'est Aman... Aujourd'hui comme hier, je le brave.

Aman, vêtu magnifiquement, portant au doigt l'anneau de Cyrus, apparaît à droite, suivi des gardes.

Scène VII

MARDOCHEE, AMAN, GARDES

AMAN

Un homme ici! malgré mes ordres! qu'on l'entrave!
Qu'on sache ses desseins, son pays et son nom.
Faites rougir les fers et qu'il parle!... Sinon
Les bourreaux!...

Tout à coup, reconnaissant dans le vagabond l'homme dont la fierté l'outrage depuis si longtemps.

Quoi?... C'est lui!... C'est le sordide ascète!
Le misérable juif impudent, dont la tête
Ne se courbe jamais, dont le cou se raidit,
Quand je passe!...

Avec une joie mauvaise.

Ce juif m'appartient.

A l'archer qu'il congédie du geste.

Va!

Mouvement d'hésitation des gardes.

J'ai dit.

Aman et Mardochée restent face à face, l'un resplendissant dans la gloire de son vêtement somptueux, l'autre drapé de haillons farouches. Deux éternels ennemis dont les haines s'affrontent.

AMAN

Nul profane deux fois n'a franchi cette porte.
Je te tiens dans mes mains comme une chose morte,
Comme une bête qu'on étrangle!... Et si tu vis
Encore, quand ton ombre a souillé ce parvis,
C'est qu'outragé cent fois par ta morne insolence,
Par ton maintien, par tes haillons, par ton silence,
Par ta nuque de fer et ta face d'orgueil,
Je te reconnais, juif, qui rampes à mon seuil.
Mais maintenant que je te tiens comme une proie,
Toi, le vil chien qui gronde et qui jamais n'aboie,
Et qui rôde, les crocs tendus, l'œil égaré,
Réponds-moi! Que vas-tu faire, chien?

MARDOCHÉE, *ramassé sur lui-même comme prêt à bondir.*

J'aboierai!...
— Aman, fils d'Amalec, de la tribu maudite,
Tout un passé sanglant entre nous ressuscite.
Et je retrouve en toi l'adversaire éternel,
L'ennemi que traquaient Saül et Samuel,
Quand, — vers les saints combats guidant l'armée en [marche, —
Les vierges d'Israël dansaient autour de l'arche.

AMAN, *qui se rappelle toutes les défaites des siens vaincus par les Israélites.*

Et le sang innocent crie et n'est pas vengé!...
Tais-toi! Tais-toi!

MARDOCHÉE, *hautain.*

Ne m'as-tu pas interrogé? —
Dieu me conduit et Dieu me garde. En sa présence
Ma faiblesse est égale à ta toute-puissance,
Et toi, qui du grand roi tiens le glaive et le sceau,
Es moins qu'un gland pourri dans l'auge du pourceau.

AMAN

Insensé! si j'épargne encore Mardochée,
Et si ta chair, ainsi qu'une loque accrochée
A la barre des grils, aux griffes des poteaux,
N'a pas déjà saigné sous le fil des couteaux,
Si ta peau d'écorché tout vivant, comme une outre,
Ne se balance pas à la plus haute poutre
Du palais où le Dieu que tu sers t'a conduit,
C'est que je ne veux pas de ta mort aujourd'hui.
Si je te laisse à vivre encore quelques heures,
C'est qu'il faut au vengeur d'Amalec que tu meures,
Toi, l'aïeul orgueilleux et le prophète altier,
Après que sera mort ton peuple tout entier.

MARDOCHÉE, *maître de lui, surpris pourtant de l'assurance d'Aman.*

Tes dieux t'ont-ils promis?...

AMAN, *ironique et féroce.*

Ah! Ah!... Ta voix s'altère...
Ah! ta bouche déjà sent le goût de la terre.
Tu l'as dit... Amalec par ton Dieu fut vaincu,
Mais, pour venger sa race, Aman a survécu.
Et voici que ce jour entre nous deux confronte
Tout ce passé de haine, et d'opprobre, et de honte,
Que ni l'eau, ni le sang, ni l'oubli n'ont noyé,
Héréditaire, inexpiable, inexpié...
— Tu n'avais pas besoin de parler de ces choses!...
Mais, puisque tu le veux, parlons-en, — si tu l'oses! —
Donc, le sang où tes rois baignaient jusqu'aux genoux,
Tout le sang d'Amalec, ô juif! est entre nous...
— Tes aïeux ont broyé les miens sous leurs semelles,
Coupé les mains de nos guerriers et les mamelles
De nos femmes, et fait, ainsi que des fruits mûrs,
Les têtes des enfants s'écraser sur les murs...
Mais moi, qui lus aussi cette histoire en tes livres,
Je vous ai condamnés tous! —

Triomphant.

Et toi qui te livres,
Et toi que ta folie a fait mon prisonnier,
Quand ton peuple mourra, tu mourras le dernier.

MARDOCHÉE

Que veux-tu dire?
— Nous sommes ceux qu'on exile,
Que l'on chasse de bourg en bourg, de ville en ville,
Qu'on traque par la peur du fouet et du carcan,
Et qu'on marque au fer rouge et qu'on vend à l'encan.
Nous sommes les errants de la route du monde,
Autour de qui la haine universelle gronde,
Et qui, courbés, meurtris, vont toujours leur chemin,
Nomades éternels dans le désert humain.

AMAN

J'aime de tels aveux dans ces bouches de honte...

MARDOCHÉE, *redressé sous l'injure, prophétique.*

Mais nous sommes aussi ceux-là que rien ne dompte,
Ni les prêtres, ni les soldats, ni les tyrans,
Ni le fléau guerrier au poing des conquérants...
Car nous sommes le champ où les grands faucheurs [d'hommes
Poussent leurs chars de guerre armés de faux, nous sommes
La moisson, mûrissant sous le ciel empourpré,
Qu'ils rasent comme un chaume et tondent comme un pré.
Mais le germe est si fort, si forte est la semence,
Que, les glaneurs partis, à jamais recommence
Plus vivace toujours et toujours plus nombreux,
Le frisson des épis dans les sillons hébreux. —
Regarde pulluler, foules toujours accrues,
Jaillissant de la glèbe et du pavé des rues,
De la nuit des prisons et de l'ombre des tours,
Ceux que l'on extermine et qui vivent toujours!...
Et tu sauras pourquoi, méprisant ta menace,
Le juif au cou têtu, le juif au doigt tenace,
Le vil juif, exécrable à tout le genre humain,
Sera le maître unique, et ton maître, — demain.

AMAN

Demain!... Demain n'est plus à toi!... Dans quelques heures
Les messagers de mort quitteront ces demeures.
Un grand cri montera du quadruple horizon,
Et partout où Juda rebâtit sa maison,
Partout où Benjamin a replanté sa tente,
Le courroux d'Amalec, aiguisé par l'attente,
Vous accablera tous sans pitié, sans recours.
Et rien ne restera d'Israël dans trois jours...

MARDOCHÉE

Tu mens! Ni dans trois jours, ni dans trois mille années.
Les générations au trépas condamnées
Verront à jamais vivre et revivre Israël.
Le peuple d'Abraham est le peuple éternel.

AMAN

Cette éternité-là va passer comme un rêve.

MARDOCHÉE

Tu mens! Dieu nous rappelle, en nous frappant du glaive,
L'alliance scellée et le pacte conclu.

AMAN

Si ton Dieu peut survivre au peuple, son élu,
Le contrat dans trois jours n'aura qu'un signataire.

MARDOCHÉE, *éperdument.*

Tu mens! Tu mens! Tu mens!... Dieu nous promit la terre
Immense, et, se courbant au joug universel,
Toutes les nations servantes d'Israël!

AMAN

Tous les mots que tu dis sont aux tiens redoutables.

MARDOCHÉE

Où donc est ta promesse?... Où sont-elles les tables
De ta loi?

AMAN

C'est moi qui suis la loi.

MARDOCHÉE

Tes aïeux
Avaient-ils quelque pacte obscur avec leurs dieux? —
Mais tous sont morts. Israël seul jamais ne change.

AMAN, *plein d'un orgueil triomphant.*

C'est vrai. Nos dieux sont morts! mais c'est moi qui les [venge!
Et, si tu ne crois pas à ma parole, vois
Et lis!...

Il arrache de sa ceinture un cylindre gravé, couvert d'écritures et scellé du sceau d'Assuérus.

Reconnais-tu le sceau du Roi des Rois?

MARDOCHÉE

Je vois l'édit royal, le sceau qui le consacre,
Je vois...

Un silence. Puis un cri d'horreur.

Toute ma race est vouée au massacre!
Pendant trois jours entiers et trois nuits, sans repos,
Les juifs seront frappés comme de vils troupeaux!
Tous! Tous!... Pas un vieillard n'échappera, pas même
Une femme, un enfant, une vierge...

AMAN

Blasphème!
Adore!... si tu veux... Qu'importe?... Tu voulus
Venir ici...

Avec un grand geste, rendant un arrêt irrévocable.

C'est bien. Tu n'en sortiras plus.

Mardochée, comme accablé, se laisse tomber sur les marches. Un instant il a regardé la porte comme s'il voulait fuir, mais toute fuite est impossible. Il reste prostré sur les degrés, enveloppé dans son manteau, immobile.

AMAN

Ma revanche commence ainsi que ton supplice.
Dévore tes haillons et ronge ton cilice,
Rampe sur ces degrés insensibles! — Là-bas
Déjà, mes volontés, porteuses de trépas,
Se hâtent! et déjà, dans la nuit qui tressaille,
Se tend le lourd filet qu'a lié, maille à maille,
Sur Israël entier dans son rêve endormi,
La haine sans sommeil d'Amalec ennemi!...

Il remonte et s'approche de Mardochée.

J'ai dédaigné de te tuer. Je ne veux même
Pas barrer d'un bâillon ta bouche d'anathème.
Les mots que tu diras ne seront pas compris,
Et mon ordre a fermé toute oreille à tes cris...
Hurle, appelle, et déchire en hurlant tes entrailles...
Les hommes sont ici plus sourds que les murailles.

Un silence.

Demain, dans cette cour où ton Dieu, — le Dieu vrai,
Comme tu dis, — te livre à moi, je dresserai
Le poteau que je dois au dernier des prophètes!...

Pendant qu'il parle, des musiques langoureuses et lentes, qu'on entend d'abord à peine, s'éveillent dans le gynécée.

Tu t'es glissé dans ce palais pour voir des fêtes.
Sois content... Tu mourras le dernier, — lentement, —
Dans ce lieu même, afin de distraire un moment
Les femmes de mon maître aux grilles accoudées...
— Et ton poteau sera de cinquante coudées.

Aman jette un dernier regard à Mardochée, s'assure d'un coup d'œil de l'impossibilité d'une évasion, et sort.

Scène VIII

MARDOCHEE

Mardochée semble sortir de son accablement. Il ouvre les yeux, relève la tête, épie longuement. Le silence tombe entre deux lointains effluves musicaux. Mardochée se redresse et prononce avec crainte, très bas, mais très distinctement :

Esther !...

Les musiques reprennent et dans le gynécée s'élève une voix, qui chante l'hymne à Astarté.

UNE VOIX

O déesse d'amour ! n'est-ce pas toi qui passes,
Qui fais l'ombre plus douce à nos langueurs plus lasses,
Et, sous le vent d'été,
Plus lentement vibrer les ténèbres plus chaudes ?
O déesse d'amour, n'est-ce pas toi qui rôdes ?
Astarté ! Astarté !

Mais pourquoi viens-tu seule ? et pourquoi vers ma couche
Ne ramènes-tu pas le bien-aimé farouche,
Le Roi de ma beauté ?
Le maître que j'attends dans ma lente insomnie,
Celui-là qui t'offense alors qu'il me renie ?
Astarté ! Astarté !

Mardochée se lève, et, comme une bête traquée, il s'avance en tâtant les murailles infranchissables.

MARDOCHÉE, à voix haute maintenant.

Esther !... Esther !...

Un silence. Puis voici que lentement la porte du gynécée s'entrebâille, et qu'entre les tentures, pâle, effrayée, haletante, sans ses ornements royaux, apparaît Esther.

Scène IX

MARDOCHEE, ESTHER

ESTHER, avec un accent de terreur.

Sa voix !.. C'est lui !... C'est toi !...
C'est Mardochée !... Ici !... J'ai peur ! J'ai peur !

MARDOCHÉE.

Pourquoi
Trembler ? — Tu ne sais rien encor ?...

ESTHER

La mort te guette...
Elle est sur nous, autour de nous !... la mort muette
Comme les bourreaux...

MARDOCHÉE, allant à elle.

Nous ! nous ne sommes plus rien.

A voix basse, lui prenant les poignets.

Israël va périr, et ton sang et le mien
N'apportent sur l'autel où ta race succombe,
Qu'une goutte de pourpre à la rouge hécatombe.

ESTHER

Israël va périr ! tout entier !

MARDOCHÉE

Dans trois jours.

ESTHER

Et notre Dieu ?

MARDOCHÉE

Dieu nous rejette sans recours.
— J'ai vu, scellé du sceau d'où l'épouvante émane,
L'édit d'Assuérus, l'édit qui nous condamne,
Tous, et l'homme et la femme, et la vierge et l'enfant.
Aman, le fils maudit d'Amalec triomphant,
Rassemble en un faisceau les fureurs des impies,
Et, des mille cités des vingt-deux satrapies,
Va monter vers le ciel l'unanime clameur
Des nations, hurlant contre Israël qui meurt...

ESTHER

Tous contre nous !...

MARDOCHÉE

Tous ! forts de leur fureur commune.

ESTHER

Mais des mains de pitié se lèveront...

MARDOCHÉE

Pas une !

ESTHER, affolée.

Qui nous sauvera ?...

MARDOCHÉE

Toi !

ESTHER

Moi ?

MARDOCHÉE

N'es-tu pas ce soir,
Sur le trône du monde où Dieu t'a fait asseoir,
La reine aux bras profonds et l'épouse aux flancs graves ?

ESTHER

Je ne suis qu'une esclave entre sept cents esclaves...
Ecoute !...

Le chant et les musiques reprennent.

ESTHER

Ecoute-les crier vers leur seul Dieu,
Vers l'amour, dont les traits vibrent dans l'air en feu !

UNE VOIX

*[*Dis-lui que mes baisers brûlent, que ma caresse*
Enivre, que mon sein sous la main qui le presse
Frémit de volupté,
Que les soleils du Sud ont mûri mes chairs mates,
Et que je suis un vase embaumé d'aromates.
Astarté ! Astarté !]*

Silence.

MARDOCHÉE

Horreur ! Ainsi chantaient les femmes infidèles
Autour de Salomon...

ESTHER

Et je suis l'une d'elles.

MARDOCHÉE

Leur Reine, cependant...

ESTHER

Mais sa captive à lui.

MARDOCHÉE

Etoile de son ciel...

ESTHER

Hochet de son ennui,
Autant qu'elles !...

Elle désigne la porte du gynécée, d'où sortent encore, par moments, des bruits confus de musiques.

Le spasme impur qui les enivre
Etreint les gorges d'ambre et les gorges de cuivre,
Et tord, sur les coussins lourds d'étranges odeurs,
Les roses du désir et les lys des pudeurs.

MARDOCHÉE

C'est ainsi qu'à Babel les pâles hiérodoules
Déchaînent, en dansant, la démence des foules,
Et frappent de leurs cris les voûtes de l'éther...
Laisse-les à leurs jeux sacrilèges !...
Qu'Esther
Soit belle, et, comme fut Vasthi, dominatrice !
Et que tous, dans l'Iran, adorent son caprice,
Du pâtre misérable au dynaste étoilé !

ESTHER

Vasthi n'est plus. Le ciel de l'Iran s'est voilé,
Et, dans le lit royal du chef achéménide,
La place où reposait la morte est toujours vide.

MARDOCHÉE

Cette place, ce soir, est la tienne... Arme-toi,
Qu'Assuérus apprenne et ta race et ta foi,
Ta race entière aux dieux d'Amalec immolée...
Va vers le Roi !

ESTHER

Le Roi ne m'a pas appelée.

MARDOCHÉE

Que dis-tu ?

ESTHER

Vasthi hante encor ses yeux profonds.
Le parfum de Vasthi rôde sous ses plafonds.
Et son nom comme avant erre encor sur sa bouche.

Désignant le gynécée.

Nulle de celles-là ne connaît plus sa couche.

MARDOCHÉE

Qu'importe ?... Lève-toi pour tes noces de sang.
Va vers Assuérus, vers ton Roi tout-puissant,
Belle comme une armée en bataille, et si forte
Que toute force cède à l'épouse qui porte,
Dans ses flancs nuptiaux où tremble un doux frisson,
Sa virginité pure ainsi qu'une rançon.

Il s'arrête, comme effrayé de l'immobilité d'Esther qui le regarde avec étonnement.

ESTHER

Sais-tu ce qu'est le Roi des cent vingt-sept royaumes ?
Lève les yeux, contemple et ces tours et ces dômes.
— Là siège, inaccessible ainsi qu'en un tombeau,
Le plus grand des Aryens, comme aussi le plus beau,
En sa majesté d'or et de joyaux vêtue,
Le grand Roi, qui déjà ressemble à sa statue.

Avec une sorte de terreur.

Les dix mille Immortels veillent autour de lui.
Les vingt Satrapes, dont le cimeterre luit,
Les Mages, successeurs du Mage Zoroastre,
Sont comme les rayons émanés de son astre...
Mesure donc, — fut-elle encor ce que tu crois, —
Ce que serait Esther aux pieds du Roi des Rois.

MARDOCHÉE

Pourtant il t'a choisie, et choisie entre toutes.

ESTHER

Il m'a cueillie, ainsi qu'en rôdant sur les routes
Quelque passant, presque sans voir, d'un doigt distrait,
Cueillerait une fleur et n'en respirerait
Pas même la senteur bientôt évanouie.

MARDOCHÉE

Sois belle ! — Tu verras, souveraine éblouie,
Les glaives et les murs s'abaisser devant toi.

ESTHER

Mais on ne t'a pas dit l'inexorable loi
Qui garde Assuérus de toute approche humaine.
Tout vivant, quelque soit le devoir qui l'amène,
Qui, sans être attendu, franchit le seuil sacré,
Doit mourir, — et, sur l'heure, il tombe massacré.

MARDOCHÉE

Le Roi qui te choisit saura te reconnaître.
Sa clémence vers toi s'abaissera.

ESTHER

Peut-être !
S'il peut, de sa tristesse un instant diverti,
Eloigner de ses yeux l'image de Vasthi, —
Mais s'il ne daigne pas me voir ! Mais si le maître
Ne me reconnaît pas, ils me tueront !

MARDOCHÉE

Peut-être !
— Mais puisque, pour sauver et le temple et la loi,
Il n'est qu'une victime utile, et que c'est toi,
Toi que, seule de nous, nul danger n'environne,
Que ton secret protège et ta triple couronne !
— Toi qu'on ne sait pas juive et que gardent encor
Ta naissance inconnue et ton front mitré d'or !
Si c'est toi qui du sort de ton peuple décides,
As-tu peur de jeter sous les dés homicides,
Quand la partie hésite entre les mains de Dieu,
Le seul sang assez pur pour en doubler l'enjeu ?

ESTHER, *encore hésitante, mais déjà gagnée par la beauté du sacrifice.*

Mourir !...

MARDOCHÉE

Veux-tu survivre à ta race abhorrée,
Parce qu'épouse et Reine, et parce qu'ignorée ?
Sais-tu, quand le fléau des destins d'Israël
Oscille lentement aux mains de l'Eternel,
Si ton corps virginal, percé de coups de lance,
N'est pas l'unique poids qui manque à la balance !

ESTHER

Ils me tueront sans que mon cri soit entendu.

MARDOCHÉE

Mais ton sang parlera devant Dieu. Le sais-tu ?
Toi qui, pour nous survivre à tous, n'as qu'à te taire ?

ESTHER, *illuminée, enfin et prête à se donner.*

Oui ! l'offrande n'est rien qui n'est pas volontaire.

MARDOCHÉE

Le sacrifice est tout-puissant s'il est voulu.

ESTHER

Moi, seule, peux m'offrir de tout le peuple élu...

MARDOCHÉE

Toi seule est la rançon...

ESTHER

Je suis la nouvelle Eve !
Et j'irai vers le Roi !

MARDOCHÉE

Va vers le Maître. Lève
La supplication magique de tes bras.
— Et quoi qu'ait voulu Dieu, tu nous assureras,
Que la pieuse main de nos tribus te couse
Dans ton linceul de vierge ou tes robes d'épouse,
Le salut, si tu vis, — le rachat, si tu meurs !

ESTHER, *qui a fait don de sa vie.*

Plus tard donc, lorsque, plein de joyeuses rumeurs,
Le temple reconstruit rassemblera nos frères,
Mes compagnes, mêlant les psaumes aux prières,
Célébreront Esther, morte pour Israël.

MARDOCHÉE

Qui sait?... Marche sans peur, levant les yeux au ciel.
Notre espérance en Dieu peut-elle être trompée?
— Débora prit la hache et Judith prit l'épée,
Et, la crinière au vent, allèrent au combat,...
Mais pas un seul cheveu de leur front ne tomba!...
Et lorsque, dans l'éveil des trompettes chantantes,
Judith et Débora revinrent vers nos tentes,
Tendant leurs bras levés, elles montraient au loin
Des têtes d'ennemis qui saignaient à leur poing.

ESTHER

Moi, j'irai suppliante, en pleurs... si je succombe,
Tout mon sang scellera, mieux que toute hécatombe,
La nouvelle alliance et les pactes anciens.
— Mais si, victorieuse et sauve, je reviens,
Je te rapporterai, moi, fille aux bras timides,
Assez de têtes pour bâtir des pyramides.

Une fureur sacrée semble les saisir tous deux. Mardochée, pour fortifier encore la résolution d'Esther, lui fait répéter une dernière fois ses promesses, solennellement, comme si Dieu même en prenait acte.

MARDOCHÉE

Donc, sans peur, sans regrets, tu franchiras demain
Le seuil d'où la terreur bannit le bruit humain.

ESTHER

Sans peur et sans regrets, demain, à l'heure dite,
Je franchirai le seuil de la salle interdite.

MARDOCHÉE

S'il le faut, tu sauras changer, sans un remords,
Ta pourpre achéménide au suaire des morts.

ESTHER

A notre Dieu jaloux, s'il le faut, j'abandonne,
Avec ma vie en fleur, les fleurs de ma couronne.

MARDOCHÉE

Si pourtant tu reviens, vivante, ayant vaincu.

ESTHER, *pleine d'un saint enthousiasme.*

Si je reviens, nos ennemis auront vécu; —
Et vous pourrez alors, ainsi qu'aux jours antiques,
Sur la sainte colline, au souffle des cantiques,
Autour du sanctuaire où David adora,
Chanter, — comme ont chanté Judith et Débora.

RIDEAU

Mardochée. L'archer. Aman.

SCÈNE VII. — Aman : *« C'est lui... C'est le sordide ascète! »*

LES DANSES DEVANT ASSUÉRUS AU PALAIS DE SUSE

Décor de Visconti. — Dessin de Léon Fauret.

"Esther, princesse d'Israël", à l'Odéon.

(Acte premier, Scène première.)

« ...Sous leurs beaux voiles, clairs comme l'eau des bassins,
On voit frémir leurs corps et palpiter leurs seins.
Leur couple à tout instant se noue et se dénoue.
Et la danse qui, vive ou lente, les secoue,
Fait tinter les shekels de leurs triples colliers... »

Assuérus. Aman. Le lecteur. Le chef du palais.

SCÈNE PREMIÈRE. — Assuérus : « ...*Aman donc va donner des ordres aux archers...* »

ACTE III

LA TRISTESSE D'ASSUÉRUS

Une salle du palais du Roi des Rois. A droite, à gauche, au fond, les colonnes décrites au premier acte et dont les chapiteaux, formés par le groupe de deux demi-taureaux adossés, sont caractéristiques de l'art persan. Les colonnes des côtés droit et gauche sont réunies par des murs de briques émaillées recouverts de tentures multicolores ou ornés, dans leurs parties supérieures, de fresques aux couleurs vives. Dans le mur de droite, au deuxième ou troisième plan, une porte fermée par une tapisserie. Au fond, pas de mur, mais des tentures suspendues aux colonnes par des tringles. Le mur de gauche, construit de biais, n'arrive pas jusqu'aux tentures du fond, de manière à réserver un passage. Quand les rideaux sont relevés, dans la perspective à droite, à travers les colonnes, on aperçoit une cour intérieure. Vasques. Verdures. Tout au fond du théâtre, un escalier de marbre par où descendront des baigneuses, à la fin de l'acte. A gauche, presque au premier plan, le trône d'Assuérus.

Scène première

ASSUERUS, AMAN, LE CHEF DU PALAIS, DEUX OFFICIERS, DES GARDES

Au lever du rideau, le Roi, morne, ennuyé, l'œil vague, le front lourd, assis sur un lit de repos, le coude au genou et le menton dans la main, parle à mi-voix, presque comme s'il se parlait à lui-même. Quelques familiers l'entourent et l'observent.

ASSUÉRUS

*[Toujours, toujours, la même image me poursuit,
L'œil amer, le cœur plein de poisons, jour et nuit,
Partout, partout, je vois le spectre de la morte!...
L'inexorable loi qui ferme à tous ma porte,
Contre elle seule, hélas! ne me protège pas.
J'ai beau fuir son fantôme, il s'attache à mes pas.
J'ai beau, pour échapper à son regard farouche,
Le front contre le mur me crisper sur ma couche,
Le spectre est toujours là, morne, silencieux,
Et je le vois encor quand j'ai fermé les yeux...
— Comment guérir le mal qui fait de moi sa proie?...
Quel philtre, quand l'ennui me terrasse et me broie,
Peut rendre au Roi, prostré lâchement sur son lit,
L'heureuse insouciance et le divin oubli?...]*

Un temps. Il regarde autour de lui, ennuyé.

Ce jour obscur m'accable...

AMAN

O maître des royaumes,
Les rayons du soleil chasseront tes fantômes.
— Esclaves, écartez les tentures...

ASSUÉRUS

Crois-tu

Que l'éternel ennui dont je suis revêtu,
Un rayon de soleil suffise à le distraire?...
Loin d'apaiser ma peine, il l'irrite, au contraire,
Car l'astre éblouissant, de pourpre éclaboussé,
M'apparaît rouge encor du sang que j'ai versé.

LE CHEF DU PALAIS

Maître, ne pense plus à ces choses... Regarde...
Sur toi, de sûrs archers jour et nuit font la garde.
Ne crains rien, et, de peur que des songes confus
N'arrivent à dompter le Dompteur que tu fus,
Lève-toi, règne, ordonne, et le soin de l'empire
Te rendra le repos auquel ton cœur aspire.

UN OFFICIER

Faut-il que, sur les bords de l'Euphrate ou du Nil,
Nous bâtissions pour toi d'autres cités?...

UN AUTRE

Faut-il
Châtier les tribus qui bravent tes colères?...

UN AUTRE

Faut-il qu'à travers vents et vagues tes galères,
Jusqu'aux confins du monde, aillent porter ton nom?...

LE CHEF DU PALAIS

Parle à tes serviteurs... Donne tes ordres...

ASSUÉRUS

Non...
Tout effort m'importune et tout geste me lasse,
Aman vous donnera des ordres à ma place.
Qu'il prenne dans ses mains des pouvoirs absolus,
J'y consens. Quant à moi, rien ne me touche plus
De tous les vains honneurs dont je fus trop avide,
Et mon cœur est plus sec qu'une citerne vide...

UN OFFICIER

Quoi?... Tes beaux jours passés, ne t'en souviens-tu point,
Quand, debout dans l'éclat des couchants, l'arc au poing,
Tu t'élançais, fougueux, au plus fort des batailles?...

UN AUTRE

Ces jours où, mitrés d'or et cuirassés d'écailles,
Nous poussions devant nous nos chars armés de faux?...

ASSUÉRUS

Hélas! chers compagnons de mes soirs triomphaux,
Vous le voyez, ce Roi qu'on admirait naguère
Parmi l'essor cabré des étalons de guerre...
A présent, délaissé par les dieux, prisonnier
Du remords, oublieux de vivre et de régner,
Sous le dais glorieux que sa honte diffame,
Ce Roi, qui fut un jour le bourreau d'une femme,
Ce grand Roi, craint de tous et par tous convoité,
N'est plus qu'un lion mort sans force et sans fierté.

LE CHEF DU PALAIS

Si rien ne peut te faire une âme plus sereine,
L'humble enfant dont hier ton choix fit une reine,
Sans doute apaiserait ta tristesse un instant.
Est-ce un présage heureux?... Je l'ignore... Pourtant,
Alors que je veillais, cette nuit, sur ta couche,
Son nom s'est par deux fois échappé de ta bouche.

ASSUÉRUS, pensif, lentement.

Esther m'est apparue, oui, c'est vrai, cette nuit.
Sa jeunesse peut-elle apaiser mon ennui?...
Peut-être!... Esther est belle et sa grâce est étrange.
Mais j'ai peur, oui, j'ai peur, que Vasthi ne se venge.
Et, déjà torturé, je tremble lâchement
Que l'orgueil de Vasthi ne trouble mon tourment,
Et qu'en me voyant prendre une autre favorite,
La morte que je veux remplacer ne s'irrite.

AMAN

Maître, pour apaiser les morts, il faut du sang.
Mais plus l'ombre offensée est grande et plus puissant
Le sacrificateur, plus terrible doit être
L'holocauste qu'aux dieux jaloux offre le prêtre.
La Reine qui tomba sous ta flèche de fer
T'appelle des profonds souterrains de l'enfer,
Exigeant pour sa gloire une hécatombe humaine.

ASSUÉRUS

Et qui veux-tu donner en pâture à sa haine?...
Des innocents peut-être!...

AMAN

Interroge ton dieu.
Est-il un innocent dans tout le peuple hébreu?...
Etranger parmi nous, parmi nous solitaire,
Il nous brave. Tu dois en délivrer la terre.
Et ce peuple que rien ne peut trop châtier,
L'offrir en holocauste à Vasthi tout entier.

ASSUÉRUS

Donc, toutes ces tribus seront exterminées.
Tu le veux!...

AMAN

Ta sagesse, hier, les a condamnées.
L'édit est dans mes mains, scellé du sceau royal.
Leur prophète est déjà captif. A mon signal,
Qu'en frémissant la haine universelle épie,
Les peuples se rueront contre le juif impie.
La colère armera tous les bras. Dans trois jours,
Ta justice sacrée aura suivi son cours.

ASSUÉRUS

Va!... Tout est vain, sagesse et justice et puissance.
Toi seul maintiens le monde en mon obéissance.
Tu fais ce que tu veux, ce que tu veux est bien.
Quant à moi, je ne sais et je ne veux plus rien.
Si du sang doit couler, sur toi seul qu'il retombe!...
Sur toi seul!...

AMAN

J'y consens... Pour la juste hécatombe,
Aman donc va donner des ordres aux archers.

Aman va pour sortir. Les officiers le suivent et s'écartent. A ce moment, quelques esclaves favorites, qu'on a aperçues passant dans la cour du palais, entrent l'une après l'autre.

AMAN, aux femmes qui entrent.

*[Et vous, puisque le Roi paraît triste, tâchez,
Vous qu'auprès de son trône il daigne encore admettre,
Par vos jeux et vos chants, de le consoler...

Il sort.

Scène II

ASSUERUS, AMENSE, PHREE, TOBULA, LYDA, MNASIS, OFFICIERS, ESCLAVES

AMENSÉ

Maître,
Nous avons après toi soupiré tout le jour.
Bientôt un peu de soir descendra dans la cour.
Les chapiteaux, ornés de taureaux et de palmes,
Projettent sur le sol leurs grandes ombres calmes.
Et, depuis le matin, guettant un bruit de pas,
Nous attendons en vain le roi qui ne vient pas.

TOBULA

Pleines d'inquiétude et de mélancolie,
Nous nous disions: « Hélas! notre roi nous oublie! »

Et sous le grand ciel calme, éternellement beau,
Pas un bruit ne passait que les soupirs de l'eau
Tombant dans les bassins qu'aucun souffle ne ride...
Lorsque tu n'es pas là, le palais semble vide...

PHRÉE

Autrefois, tu l'aimais notre babil joyeux,
Et les cours du palais devenaient à tes yeux,
Pleines du rire clair de tes jeunes servantes,
De frais jardins fleuris de mille fleurs vivantes.
Mais le Maître à présent nous délaisse... Pourquoi?...

ASSUÉRUS

Hélas! Les jours heureux sont bien finis pour moi,
Et l'ennui loin de vous me retient solitaire.

TOBULA

As-tu donc un chagrin que tu doives nous taire?...

PHRÉE

Si tu veux, pour charmer ta peine, tour à tour
Nous chanterons pour toi des cantiques d'amour.

ASSUÉRUS, avec lassitude.

À quoi bon?... Vos chansons me sont toutes connues...

AMENSÉ

Laissons donc lui parler les dernières venues.

Deux jeunes esclaves s'avancent et disent des vers. Le roi, toujours sombre, regarde sans voir, indifférent à tout ce qui l'environne.

LYDA

Ils m'ont dit: « Pour parer ton corps,
» Voici des tuniques de gaze
» Et des robes de Chypre aux bords
» Frangés de pierres du Caucase.

» Voici des voiles transparents,
» Légers comme un rayon de lune,
» Des colliers d'onyx à trois rangs,
» Et des peignes d'écaille brune. »

Mais j'ai répondu: « J'ai quinze ans,
» Les seins ronds, les hanches graciles,
» Si riches qu'ils soient, vos présents
» Sont des parures inutiles.

» Risqué-je, en la livrant au Roi,
» De voir ma beauté méconnue?
» Pourquoi donc me voiler, pourquoi,
» Lorsque je pourrais être nue? »

MNASIS

Mais moi j'ai dit: « Pour me vêtir,
» Donnez-les-moi, ces tissus rares
» Que les marins, partant de Tyr,
» Rapportent des pays barbares.

» Donnez-moi ces voiles persans,
» Glauques et bleus comme des vagues,
» Si fins qu'ils peuvent passer sans
» Se froisser à travers des bagues.

» Sous leurs longs plis harmonieux,
» J'apparaîtrai souple et lointaine.
» Nulle beauté ne tente mieux
» Que celles qu'on devine à peine.

» Car, plus sûre de plaire au Roi,
» Voilée ainsi que toute nue,
» Je suis la plus experte, moi
» Qui parais la plus ingénue. »

LYDA

Alors, j'ai dit...

ASSUÉRUS

Non. Non. C'est assez. C'est assez.
Croyez-vous par des vers distraire mes pensers?

PHRÉE

Veux-tu donc que mêlant, pour apaiser tes peines,
Les sons du sistre rauque et des flûtes thébaines,
Nous te jouions ces airs mystérieux et doux
Que jouent au bord du Nil les filles de chez nous?...

AMENSÉ

Ou que nous te dansions la danse des sept voiles
Que dansent, aux clartés tremblantes des étoiles,
Roses comme une rose ou blanches comme un lys,
Les vierges de Ninive et de Persépolis?...

ASSUÉRUS

Non. Non. Non. Pas de chants. Pas de danses. Bien loin
De me plaire à ces jeux futiles, j'ai besoin
De faire, en mon esprit, revivre la mémoire
De mes jours de combats et de mes jours de gloire...

A l'officier qui tient les rouleaux de parchemins.

Toi donc qui tiens en mains ces rouleaux de grand prix,
Où les fastes des Rois sont par tes soins inscrits,
Tels qu'il sied que l'histoire au peuple les enseigne,
Approche et redis-moi les grands faits de mon règne.

A toutes les jeunes esclaves qui l'environnent.

Quant à vous, laissez-moi, laissez-moi, laissez-moi...

Les esclaves s'éloignent tristement.

PHRÉE

Qu'a-t-il donc? Qu'a-t-il donc notre Maître?

AMENSÉ

Pourquoi
Sa tendresse de nous s'est-elle détournée?...

TOBULA

Hélas!... Hélas!...]*

Elles sortent. Restent seulement le roi, l'officier gardien des chroniques et quelques archers de garde.

Scène III

ASSUERUS, L'OFFICIER LECTEUR DES CHRONIQUES, ARCHERS

ASSUÉRUS

J'écoute.

LE LECTEUR

En la première année
Du règne, écrit le Roi des Rois Assuérus,
J'ai traversé l'Euphrate et franchi le Taurus,
Conquis Sardes, dompté la Phrygie étagée
Sur les bords du Bosphore et de la mer Egée,
Puis, debout sur mon char de fer armé de faux,
Suis revenu, chargé de butins triomphaux.
J'apportais des bijoux, des colliers, des agrafes,
Mille éléphants, trois cents lions, cinq cents girafes,
Tout l'argent de Lydie et tout l'or syrien,
Et du blé pour nourrir cent mille hommes...

ASSUÉRUS

C'est bien.
Passe.

LE LECTEUR

Deux ans après, résolu de soumettre
Les dernières tribus qui résistaient au maître,

J'ai dispersé, comme on disperse des troupeaux,
Les peuplades du Nil payant mal leurs impôts.
Quatre mois j'ai brûlé, rasé comme des chaumes,
Les cités et les dieux, les Rois et les royaumes,
J'ai donné, glorieux dompteur des nations,
Les vierges aux soldats, les vieillards aux lions,
Pris trois cents chefs, versé du plomb dans leurs entrailles,
Et maçonné, parmi les briques des murailles,
Mille rebelles...

ASSUÉRUS

Passe encore.

LE LECTEUR

A Suse, vers
L'an dix du règne, ayant dompté tout l'univers,
J'ai construit un palais s'élevant dans l'espace
Plus haut que les sommets des cèdres...

ASSUÉRUS

Passe. Passe.
Arrive aux faits des jours où nous vivons...

LE LECTEUR

En l'an
Douze du règne, deux vils eunuques, Bightan
Et Theresch, — maudits soient les noms dont on les
[nomme! —
Tramèrent un complôt contre moi. Mais un homme,
Un vieillard, qui surprit leurs projets, grâce aux dieux!
Put m'avertir à temps de leur crime odieux.
Et, livrés aux bourreaux, les deux lâches complices
Payèrent leurs forfaits par vingt jours de supplices,
Capables d'inspirer un salutaire effroi
A tous ceux qui...

ASSUÉRUS

Fort bien. Mais cet homme, dis-moi,
Qui dénoua les fils de l'intrigue ébauchée,
Ne sait-on pas son nom? Quel est-il?

LE LECTEUR

Mardochée.

ASSUÉRUS

Et quel prix reçut-il pour avoir bien rempli
Son devoir?

LE LECTEUR

Mais aucun.

ASSUÉRUS

Aucun. Funeste oubli!
S'il convient de frapper les coupables, je pense
Qu'il sied aux bons aussi d'offrir leur récompense.
Qu'on fasse donc ici venir Aman! Je crois
Ses conseils avisés et ses jugements droits,
Et je veux, — sans pourtant lui nommer tout de suite
L'homme dont il me plaît d'honorer la conduite, —
Le prier de me dire, à son avis, comment
Je peux récompenser le parfait dévouement...

Un temps. Le roi s'arrête. Un archer s'éloigne pour aller chercher Aman. Tout à coup.

Mais, écoutez.. J'entends du bruit... Le rideau tremble,
Quelqu'un est sur le point d'entrer... Mais il me semble
N'avoir fait appeler personne, cependant.
Quel mortel las de vivre ou quel fol imprudent
Peut bien oser, rebelle à ma loi souveraine...

UN GARDE

C'est Esther.

A ce moment, entre Esther, accompagnée de plusieurs suivantes. Elle fait quelques pas, puis s'arrête subitement, comme immobilisée à la vue du roi. Assuérus s'est redressé subitement. Un silence. Esther défaille.

Scène IV

LES MÊMES, ESTHER *et ses suivantes.*

ESTHER

O mes sœurs, soutenez votre Reine!

Elle défaille et tombe à genoux.

ASSUÉRUS

Que vois-je? Est-ce possible?... Esther?... Ah! si c'est toi,
Reprends courage... Entends mes paroles... Ton Roi,
Dont le cœur, en secret, souhaitait ta présence,
Te tend son sceptre d'or en signe de clémence.

ESTHER, *toujours agenouillée, se redressant un peu.*

*[Quoi! C'est le Roi des Rois qui me pardonne ainsi.
Regarde. Je suis là, tremblante, à ta merci,
Osant à peine ouvrir les yeux à la lumière...

ASSUÉRUS

Esther, relève-toi... C'est toi qui, la première,
Pour parler à ton Maître as su risquer la mort.

ESTHER, *se relevant.*

Je suis venue à toi, suppliante... Ai-je eu tort?...
Frappe-moi... Je ne suis qu'une esclave entre toutes.

ASSUÉRUS

Quel mal se pourrait-il que de moi tu redoutes,
Chère Esther?... Mais, dis-moi, pour ainsi t'exposer,
D'où te vinrent l'audace et la force d'oser
Ce qu'avant toi jamais n'osèrent d'autres femmes?

ESTHER

Demande au Tout-Puissant qui gouverne les âmes
Et décide du sort des combats, à Celui
Qui veut que, comme Adar entre mille astres luit,
Dans ta gloire, parmi tous les hommes, tu brilles,
Et qui, dernièrement, quand tant de jeunes filles
Imploraient un regard du Roi des Rois, voulut
Que la plus humble, Esther, fût celle qui te plût.

ASSUÉRUS

Le Dieu que tu veux dire est sans doute le même
Que depuis si longtemps, comme leur chef suprême,
Les mages de Chaldée adorent. Mais, dis-moi,
Tu la connaissais bien, l'inéluctable loi
Qui défend à tous les sujets de mon empire?...

ESTHER, *simplement, mais fermement.*

Oui. Mais j'avais, ô Roi! quelque chose à te dire.

ASSUÉRUS, *un peu surpris.*

A me dire, à moi seul?...

ESTHER

A toi seul, si pourtant
Tu daignes écouter ta servante un instant.

Sur un geste du Roi, tout le monde sort. Le Roi s'approche d'Esther. Un temps.

ASSUÉRUS

Tu vois... tous sont partis! La garde veille aux portes.
Ne crains rien. Quels que soient les vœux que tu
m'apportes,]*
Parle.

ESTHER

Dans ma faiblesse et mon humilité,
Je venais, ô mon Maître, implorer ta bonté.
Mais voici que je n'ose, à présent, que je tremble...
Pour la première fois nous sommes seuls ensemble.
Toi, le Roi, le Dompteur des peuples, je te vois
A mes côtés. J'entends, toute proche, ta voix

Dont souvent j'ai rêvé pendant mes nuits de fièvres...
Et les mots hésitants s'arrêtent sur mes lèvres.

ASSUÉRUS

Chère Esther, de ton cœur éloigne tout souci.
Pour trembler de la sorte et t'émouvoir ainsi,
As-tu donc oublié qu'en ta royauté blonde
Tu règnes sur le Roi qui règne sur le monde?
Quels que soient tes désirs, ils seront accomplis
Veux-tu des voiles fins, des robes aux longs plis,
De triples bracelets de coraux et d'agates?...
Veux-tu des monceaux d'or, de pourpre, d'aromates?
Mes coffres en sont pleins!... Si tu veux mes palais
De Suse et d'Ecbatane, ils sont à toi. Prends-les.
Si même la moitié de mon immense empire
Te tente...

ESTHER, *froidement.*

Ce n'est pas cela que je désire.

ASSUÉRUS

*[Pas cela; Je devine, alors. Le Roi des Rois
Ne t'ayant pas encor fait appeler, tu crois
Qu'il t'oublie, et peut-être anxieuse ou jalouse,
Peut-être un peu froissée en ta fierté d'épouse,
Tu venais rappeler ses devoirs à l'époux?...

ESTHER, *même jeu.*

Non. Ce n'est pas cela qui m'amène. Et si doux,
O mon roi, que le choix que tu fis ait pu m'être,
J'attendais humblement la volonté du maître.]*

ASSUÉRUS

Quelle obscure raison pouvais-tu donc avoir,
Esther, de t'exposer à la mort pour me voir?

ESTHER

Tu connais encor mal, ô mon Roi, ta servante.
Je ne suis pas venue, épouse impatiente,
Réclamer une place en ton cœur, et n'ai point,
Moi, ton esclave, une âme ambitieuse au point
De prétendre une part de ta toute-puissance.
Non. Ce que je t'apporte, en ma faiblesse immense,
C'est toute la douleur d'un pauvre cœur humain
Que torture un secret que tu sauras demain.

ASSUÉRUS

Ce grand, ce lourd secret qui t'oppresse et t'attriste,
Tu veux, un jour encore, entre nous qu'il persiste.
C'est bien. Mais ton émoi me trouble. Et les pâleurs
De ton beau front, l'éclat de tes grands yeux en pleurs,
D'une grâce nouvelle ont paré ton visage.
Quel est ce charme, Esther, qui de toi se dégage?
As-tu l'art de jeter des sorts? Possèdes-tu
Quelque philtre ignoré, quelque obscure vertu?
Je ne sais. Je t'ai vue un jour et ta pensée
Depuis cette heure habite en moi. La nuit passée,
Tandis que tout dormait, moi seul ne dormant pas,
J'ai cru te voir dans mon délire, et mes deux bras
D'eux-mêmes se tendaient vers ton image frêle,
Qui s'évanouissait dès que j'approchais d'elle.

ESTHER

Et pendant ce temps-là, dans ce même palais,
Inhabile au sommeil, comme toi, je veillais,
Songeant, parmi les pleurs qu'exhalait ma souffrance,
Au Maître en qui j'ai mis toute mon espérance.

ASSUÉRUS

Tu le vois. Nos deux cœurs se cherchaient dans la nuit.
Mais, ce soir, ton destin vers ton Roi te conduit.
Tu me parles. Je vois tes lèvres, ton sourire,
Il flotte un peu de toi dans l'air que je respire.
Et, pris par un vertige invincible et charmant,
Tout entier je me livre au doux enchantement.
Je ne résiste plus. Ta grâce est la plus forte.
Souffrirai-je par toi?... Serai-je heureux?... Qu'importe!
*[Rien ne peut désormais me séparer de toi.
Ton cœur bat. Tous tes nerfs sont tendus. Et l'émoi
Qui brille dans tes yeux et t'enveloppe toute
Te rend plus désirable encore...

Mystérieusement, à demi-voix, et avec une passion grandissante.

Ecoute... Ecoute...
Nous sommes seuls. Cette heure est à nous. Là, tout près,
Je connais une salle obscure, et je voudrais,
Affolé par ma nuit de fièvres et d'attente,
T'emporter toute émue et toute palpitante...]*
Ton Roi t'aime et t'appelle et te veut toute à lui.
Viens... Viens...

ESTHER, *un peu craintive, mais très maîtresse d'elle-même.*

Non. Non. Plus tard. Plus tard. Pas [aujourd'hui.

ASSUÉRUS, *surpris de ce refus inattendu.*

Pas aujourd'hui!... Ce mot dans ta bouche m'étonne.
Es-tu seule à ne pas t'incliner quand j'ordonne,
Moi, le Roi devant qui tremblent tous les pays?

ESTHER

Tu dis juste. Si c'est un ordre, j'obéis.

ASSUÉRUS, *définitivement vaincu.*

Un ordre!... Ah! qu'ai-je dit et que pourrais-tu croire?
Non. Non. Le Roi dans sa puissance et dans sa gloire
Pour toi n'existe plus. Seul reste en ce moment
L'amant, l'amant très doux et très soumis, l'amant
Qui s'entretient, le cœur ému, l'âme charmée,
Avec la bien-aimée!...

ESTHER, *répétant, ravie.*

Avec la bien-aimée!
C'est toi, c'est vraiment toi qui me donnes ce nom!
Mais non. Le Roi ne peut aimer l'esclave. Non.
Et quand tant de beautés, entre toutes élues,
T'ont vainement offert leurs grâces superflues,
Comment, ô Roi! Comment se pourra-t-il que, moi,
Tu m'aimes?...

ASSUÉRUS

Si je t'aime, Esther, sais-je pourquoi?
Depuis l'heure où je t'ai parmi toutes choisie,
Quelque chose de neuf est entré dans ma vie.
Jadis, Roi de mystère et d'épouvantement,
Dont l'absolu pouvoir faisait l'isolement,
L'oreille à peine ouverte aux rumeurs de la terre,
Au fond de mon palais, je vivais solitaire.
Je ne connaissais plus ni peines ni plaisirs.
Mes serviteurs zélés prévenaient mes désirs.
Et quand, dans mes jardins, j'errais au milieu d'elles,
Cent femmes, dont beaucoup étaient jeunes et belles,
Me clamaient leurs désirs sur mon passage, mais
Leurs appels trop pressants ne me troublaient jamais.
*[Or, hier, par hasard, mes yeux t'ont aperçue.
Calme, pensive, toute en tes rêves perdue,
Indifférente aux cris s'élevant sur mes pas,
Lorsque toutes s'offraient, toi tu ne t'offrais pas.
Et tout en toi, tes yeux, tes yeux tristes que j'aime,
Ta pudeur, ta réserve et ton silence même,
Quand tant d'autres vers moi jetaient leurs cris d'amour,
Tout en toi m'a troublé, moi qui, jusqu'à ce jour,
Prisonnier de la gloire où le ciel m'a fait naître,
Parmi tous mes sujets ne trouvais pas un être
Qui me fût un égal et que je pusse aimer.

Assuérus. « ... *Le Roi dans sa puissance et dans sa gloire*
Pour toi n'existe plus... »

ESTHER

Pourtant, ô Roi, Vasthi — si j'ose la nommer! —
[Tu l'aimas, elle, au moins, la Chaldéenne brune,
Puisque, pour dissiper son image importune,
Dans ton palais de Suse, il fallut réunir...

ASSUÉRUS

Ce qui troubla mon cœur, ce fut son souvenir.]*
Roi sans désirs, trop sûr de l'amour de la Reine,
Tant que Vasthi m'aima, je ne l'aimai qu'à peine,
Mais du jour où la mort à jamais me la prit,
Son obsédante image affola mon esprit.
Deux ans, plein de l'horreur qui terrasse et qui broie,
J'ai vu, dans l'ombre, ainsi qu'un grand oiseau de proie,
Rôder autour de moi le spectre de Vasthi.
Deux ans, pâle, effaré, chaque nuit j'ai senti
Le frisson de la mort me glacer jusqu'aux moelles...
Mais un jour tu parus, blanche parmi tes voiles.
Quelque chose de pur flottait autour de toi.
Douce comme une aurore après des nuits d'effroi,
Ta blancheur dissipa mes fantômes funèbres.
Tu fus une clarté passant dans mes ténèbres.

ESTHER

Et parmi tes sept cents concubines, depuis
Deux ans, pas une, ô Roi! gardienne de tes nuits,
N'a su veiller sur toi pendant que tu sommeilles?...

ASSUÉRUS

Pas une!... Ah! songes-y... Toutes, toutes pareilles,
Courtisanes sans âme aux lèvres de carmin,
Passant leurs jours d'ennui, tel un bétail humain,
A s'embaumer de nards, de parfums et de crèmes,
Toutes se ressemblaient, toutes étaient les mêmes,
Toutes disaient par cœur les mêmes mots appris.
Mais toi qui, tour à tour, rêves, pleures, souris,
Vierge au charme imprévu qui m'es toujours nouvelle,
Toi dont le cœur dans tous tes gestes se révèle
Avec tous ses émois, ses effrois, ses langueurs,
Tu n'as pas seulement une âme, mais plusieurs.
Et, perdu dans tes yeux dont les prunelles claires
Ont parfois des désirs et parfois des colères,
Je succombe, attiré sans bien savoir pourquoi;
Par cent femmes, Esther, que je découvre en toi.

ESTHER

Sans doute as-tu raison, car souvent il me semble
Sentir lutter en moi plusieurs femmes ensemble.
Certains soirs, pleins de paix, d'extase et de douceur,
Je me sens un peu l'âme, ô mon Roi, d'une sœur
Qui, pour calmer ton mal et dissiper tes fièvres,
Poserait sur ton front la fraîcheur de ses lèvres.
Et je suis, certains soirs exaspérés et fous,
L'amoureuse qui songe aux baisers de l'époux
Et s'étire, nerveuse et pâle, sur sa couche.

Prophétique, annonçant la femme qu'elle doit être au dernier acte.

Mais je connais aussi d'âpres nuits où, farouche,
Ardente, comme si j'avais à protéger
Contre un lâche ennemi des frères en danger,
Prêtresse de vengeance, impitoyable et forte,
J'ai soudain soif de sang et de meurtre...

ASSUÉRUS

Ah! qu'importe,
Si, quelle que tu sois, je t'aime?... Désormais
Rien ne peut plus de toi me détacher. Tu m'es
Indispensable autant que l'air que je respire.
Que me font à présent ma gloire, mon empire?
Tout est nouveau pour moi. Je sens battre mon cœur.
Dominateur du monde, omnipotent Vainqueur,
Je vivais isolé dans ma splendeur royale.
Pour la première fois je parle à mon égale.
Tout mon bonheur de toi dépend à l'avenir.
Je ne veux plus que de toi-même t'obtenir.
Et si, par quelque nuit rêveuse et parfumée,
Tu sens qu'il serait doux, ma pâle bien-aimée,
De toute défaillir, palpitante, en mes bras,
Tu n'as qu'à m'appeler, je viendrai...

ESTHER

Tu viendras!...
Pressentant, on dirait, ô mon Roi! ma requête,
D'avance tu me dis les mots que je souhaite.
Puisque donc j'ai trouvé grâce devant tes yeux,
Demain soir, sous les clairs regards mystérieux
Des mille astres qu'au ciel la tiède nuit fait poindre,

Accompagné du seul Aman, viens me rejoindre
Dans le palais dont ta tendresse m'a fait don,
Et là, je te dirai mon secret.

ASSUÉRUS

Demain donc
J'irai te retrouver dans la nuit diaphane,
Faisant ce que Cyrus n'a pas fait pour Mandane
Et ce que n'a point fait Xerxès pour Atossa.
Aman, suivant le vœu que ta bouche énonça,
Me suivra. L'air léger baisera ton front pâle,
Et la nuit de demain sera la nuit royale.

ESTHER

Et maintenant il faut que je te quitte. Adieu.
La fraîcheur du beau soir qui descend, calme et bleu,
Dans les cours du palais ramène un peu de vie.

A ce moment on voit passer quelques baigneuses dans le fond du théâtre.

Les femmes, que déjà l'heure du bain convie,
Descendent l'escalier de marbre lentement,
Et l'étoile d'amour s'allume au firmament.
Jamais tant de douceur n'imprégna tout mon être,
Je vais passer la nuit à rêver à mon Maître.

ASSUÉRUS

A demain, ô ma Reine!

ESTHER

A demain, Roi des Rois!

Elle sort.

Scène V

ASSUERUS

ASSUÉRUS, *dans l'enchantement de l'amour naissant qui transforme et embellit toutes choses.*

Aimerais-je ce soir pour la première fois?...

Un temps. Il regarde, est charmé par la douceur de l'air, la beauté des femmes qui passent au loin.

Comme il fait doux!... Quel charme enveloppe les choses!...
Ces corps harmonieux, aux transparences roses,
Ne m'ont jamais paru si souples ni si beaux,
Je regarde le monde avec des yeux nouveaux...

Il reste un moment rêveur, dans une muette contemplation.

A ce moment, une baigneuse s'arrête un instant au haut des marches et parle.

Scène IV

ASSUERUS, DES BAIGNEUSES

UNE BAIGNEUSE

Mes sœurs, goûtons la paix que cette heure respire.
L'eau calme rêve dans les vasques de porphyre.
Des souffles parfumés nous frôlent en passant.
Et, tandis que la nuit bleuissante descend,
D'un geste nonchalant laissant tomber nos voiles,
Livrons-nous aux baisers des premières étoiles.

Elle laisse tomber ses voiles, debout dans le soir tout bleu.

LE RIDEAU TOMBE LENTEMENT

Une baigneuse : « .. *Livrons-nous aux baisers des premières étoiles*. . »

Assuérus. Esther. Mardochée. Aman.

SCÈNE VI. — Esther : « Ton Esther est fille d'un hébreu ! »

ACTE IV

LE TRIOMPHE D'ISRAËL

Une large terrasse que borne, au fond, une colonnade aux fûts minces, aux chapiteaux ornés de têtes de taureaux. A droite, le palais d'Esther. Balustrade ajourée entre les colonnes. Il fait nuit. Dans la clarté lunaire on découvre, au lointain, la ville antique, les tours et les palais de Suse. Nuit peu obscure, mais lourde d'orage et de senteurs d'été. Aucun siège, sinon le trône.

Scène première

THAMAR, MYRRHA, SITA, SALOME

Au lever du rideau, les suivantes de la reine attendent Esther.

MYRRHA

Il fait doux.

SITA

Jamais nuit ne fut plus languissante.

SALOMÉ

Et, dans l'air immobile, il semble que l'on sente
Les palmes lentement fermer leur éventail.

MYRRHA

Derrière les barreaux que frôle leur poitrail
Les lions ont, ce soir, comme une voix plus grave.

SITA

Les étalons sacrés que nulle main n'entrave,
Ce soir, ont, pour hennir, un accent presque humain,

SALOMÉ

La déesse d'amour serait-elle en chemin ?...
C'est parmi les senteurs d'un pareil crépuscule
Que, là-bas, dans Babel, sous le ciel d'or qui brûle,
Les prêtresses d'Istar, ouvrant leurs robes d'or,
Crient vers la volupté comme on hurle à la mort.

MYRRHA

*[L'âme éparse des fleurs comme un baiser nous frôle.

SITA

Les roses de l'Iran, au creux de leur corolle,
Ce soir ont des parfums forts comme des poisons.

SALOMÉ

La terre est haletante, et ses quatre horizons
Sont lourds d'une torpeur étrange et magnétique.

SITA

L'abîme sidéral élargit son portique
Dans le silencieux flamboiement de l'éther.

THAMAR, jusque-là immobile et songeuse, se dirige vers le groupe des femmes et d'un geste lent enveloppe la nuit.

Pourquoi vous étonner ?... Cette nuit même Esther
Recevra dans son lit le Maître achéménide.
L'ombre se fait pour eux enivrante et splendide,
La brise plus légère et l'air plus embaumé,
Et la nuit, comme Esther, attend le bien-aimé.]*

Scène II

LES MÊMES, ESTHER, MANDANE, HELLE

Esther entre, suivie d'Hellé et de Mandane. Elle s'avance, revêtue de la robe nuptiale, vers les femmes inclinées qu'elle relève avec un lent geste d'amour.

ESTHER

Vous toutes, ô mes sœurs, qui, pour la nuit sacrée
De vos doigts attentifs et prompts m'avez parée,
Pour l'instant où viendra le royal ravisseur,
Vous toutes qui m'aimez comme on aime une sœur,
De mon lit nuptial ne soyez pas jalouses...
Je ne suis qu'une épouse entre sept cents épouses,
Car cet Assuérus qu'en tremblant nous nommons,
C'est vous qu'il aime en moi...

THAMAR

Comme en toi nous l'aimons...

Un temps. Puis:

*[Et lorsque toi, l'épouse, et lui, le Roi du monde,
Vous vous enlacerez d'une étreinte profonde,
Nous toutes, qu'un subit frisson viendra saisir
Comme s'il nous mêlait, un peu, dans son désir,
Au seuil de ta maison nous resterons assises,
Gardant, en ce jardin plein d'ombres indécises,
Ta couche qui sera, cette nuit, à la fois
Le lit d'amour d'Esther, le lit sacré des Rois.]*

ESTHER

Donc, puisque vous m'aimez autant que je vous aime,
Que vous n'enviez pas, à cette heure suprême,
Votre sœur ignorante et craintive, je veux
Que chacune de vous, rougissante d'aveux,
Me livrant ses secrets les plus beaux, me décèle
L'une des voluptés des femmes de chez elle,
Que chacune de vous m'apporte, tour à tour,
Le plus rare joyau de son écrin d'amour.

SALOMÉ

Je t'apprendrai, pour que tu sois enchanteresse,
Mon baiser le plus doux, ma plus douce caresse.

MIRIAM

Moi, je t'enseignerai, merveilleux et divers,
Les rites défendus et les charmes pervers.

SITA

Moi, l'art des mots subtils et des extases feintes
Qui donnent à tous soif d'impossibles étreintes.

ESTHER, pleine d'une ineffable tendresse.

Vos secrets, les plus doux comme les plus cruels,
Je les veux, je les prends tous à toutes. — et quels
Qu'ils soient! — pour qu'au moment de passer cette porte
Ce soit un peu de vous avec moi que j'emporte,
Pour que le Roi qui nous aime, que notre Roi
Vous toutes vous étreigne et vous possède en moi,
Et que, ce soir, dans un baiser qui vous rassemble,
Vous toutes, ô mes sœurs! et vous toutes ensemble,
Tour à tour chaste, ardente et docile, je sois
Moi, la vierge, toutes les femmes à la fois.

Un silence. Puis Esther s'éloigne du groupe, tandis que ses compagnes, étonnées et respectueuses, reculent. Elle s'avance seule, s'arrête, un instant immobile, vision blanche dans l'ombre éparse, puis elle lève les yeux au ciel et joint les mains dans l'attitude de la prière.

Scène III

ESTHER

Dieu d'Israël! ô toi qu'ignorent mes compagnes,
Dans ce palais, dont l'ombre envahit les campagnes
Comme l'ombre d'un mont,
Tu le vois, je suis seule et je me sens petite.
J'attends le Roi des Rois comme la Sulamite
Attendait Salomon.

Mais puisque, pour sauver et pour venger ma race,
Je n'ai pour bouclier et je n'ai pour cuirasse
Que ma seule beauté!
De tout mon corps, paré pour la nuit nuptiale,
Fais qu'un charme assez sûr, assez puissant, s'exhale,
Pour qu'un Roi soit dompté!

*[Arme mon cœur! Arme mon bras et ma poitrine.
Rends-moi souple, enlaçante et tenace. Illumine
D'éclairs mes larges yeux.
Au Roi des nations quand ta fille se livre
Veuille qu'elle soit belle et veuille qu'elle enivre
Comme un vin furieux!

Que mon amour soit fort comme la mort!... Fais naître
Un tel désir de moi dans le cœur de mon Maître,
Et, dans toute sa chair,
Eveille tant d'ardeurs, allume tant de fièvres,
Que plus rien, pour payer le baiser de mes lèvres,
Ne lui semble trop cher!]*

Et pour que, jusqu'au bout, ma tâche s'accomplisse,
Rends toute la nature, en cette nuit, complice
De mes sombres amours,
Rends plus tièdes encor les effluves nocturnes,
Et, dans le soir fluide, épands à pleines urnes
Les parfums les plus lourds.

Le silence tombe. Esther reste un moment perdue dans une sorte d'extase. Puis, elle a un tressaillement. Elle vient d'entendre un bruit de pas sur le sable.

Mais on vient...

SALOMÉ, s'avançant, au moment où Aman entre.

C'est Aman qui précède son maître.

Scène IV

ESTHER, AMAN, LES FEMMES, silencieuses dans l'ombre.

AMAN, courtisan empressé, continuant la phrase de Salomé.

Aman qui te sait gré d'avoir su reconnaître
Le dévouement qu'il garde à ton jeune pouvoir,
Et voulu qu'ici même il te puisse revoir,
Honneur immérité pour ton esclave indigne.

ESTHER, souple, habile.

Tu crois à ma faveur?

AMAN

N'en lis-tu pas le signe
Magique, dans ton nom sidéral, ô clarté!
Les astres ont promis l'empire à ta beauté.

ESTHER

Suis-je donc belle ainsi?

AMAN

Si belle qu'on jalouse
Celui qu'en un tel soir attend pareille épouse.

Quand Vasthi sous la flèche expira, l'on a cru
Qu'une lumière avait du monde disparu...
Mais, par ta grâce étrange et claire, tu nous prouves
Que plus de charme encor peut exister...

ESTHER, *féline.*

Tu trouves?

AMAN

Et si quelque ennemi te gêne, il est des croix
Où tu le feras pendre, ainsi qu'il sied.

ESTHER, *énigmatique.*

Tu crois?

AMAN

J'ai dix fils. Eux et moi voulons être ta chose.
Tu peux disposer d'eux.

ESTHER, *même jeu.*

Tu veux que j'en dispose?...

AMAN

Tel est mon vœu.

ESTHER

Merci! Je me ressouviendrai
De ton zèle. A propos, l'on m'a dit — est-ce vrai? —
Que, pour nous divertir un peu, tu nous prépares
Un spectacle nouveau, rare entre les plus rares?
Le supplice d'un chef de révoltés?...

AMAN

Mais, non!...
Du chef d'une tribu qui m'offense.

ETHER, *curieuse.*

Et son nom
M'est connu?

AMAN

Nullement. C'est un nom qu'on évite
De prononcer.

ESTHER

Peut-être est-ce un israélite?

AMAN

Justement... Je le garde en la cour du palais,
Captif, et tu pourrais le voir si tu voulais.

ESTHER, *insistant pour tout savoir.*

Mais ne serait-ce pas l'homme à qui, ce jour même,
Assuérus a décerné l'honneur suprême
Du triomphe?...

AMAN

Oui. Le Roi paya publiquement
Le service rendu par l'espion. Aman
Frappe, lui, l'ennemi des siens, le faux prophète...
Un seul jour aura vu sa gloire et sa défaite.

THAMAR, *accourant.*

On vient!

ESTHER

C'est lui!

MYRRHA

Le Maître, ô Reine, vient vers toi...

LES FEMMES

Le Roi vient!... Le Roi vient!...

UN ARCHER, *dans le lointain.*

Le Roi!...

UN ARCHER, *plus proche.*

Le Roi!...

UN ARCHER, *à l'entrée de la scène.*

Le Roi!...

Scène V

ESTHER, ASSUERUS, AMAN. LES FEMMES. ARCHERS

Assuérus entre, précédé de quelques archers. Esther reste immobile sous son voile. Aman, les femmes, les archers se tiennent à l'écart, respectueusement.

ASSUÉRUS, *s'approchant d'Esther, qui attend, muette, près du trône, que le roi daigne lui parler.*

Quelle paix merveilleuse autour de toi rayonne!
Ton innocence en fleur te fait une couronne.
Je t'aime mieux ainsi sous ton voile embaumé,
Que sous la mitre d'or et le manteau lamé,
Eblouissant les yeux des flammes que tu jettes...
Comme un de mes sujets une de mes sujettes,
Je viens dans sa maison voir ma Reine!...

ESTHER

O mon Roi,
Ce palais est le tien comme Esther est à toi.

ASSUÉRUS

*[Non. Ce toit, ce jardin qu'éclaire ta présence
Me sont un sûr asile où ta douce puissance
Dissipe de mon front l'ombre des lourds soucis,
Et l'inquiète horreur qui charge mes sourcils.

ESTHER

Et cependant Esther n'est rien que ta servante.

ASSUÉRUS

Ce titre est glorieux et plus d'une le vante.
Mais nulle n'a ton charme et ton geste et ta voix.
Nulle ne m'apparaît telle que je te vois.]*

ESTHER

Qu'a donc Esther pour toi de plus qu'une autre femme?

ASSUÉRUS

Elle a, tout simplement, que je l'aime... En mon âme,
Vide et morne jadis comme un gouffre effrayant,
Ta calme vision s'assied en souriant,
*[Et tu peux tout pour moi qui ne peux rien moi-même.

ESTHER

Tu daignes donc aimer ton esclave qui t'aime.

ASSUÉRUS

Oui. Tu m'aimes. Tu me le dis, et je te crois...
Tant de femmes déjà l'ont dit au Roi des Rois,
Mais nulle comme toi ne l'a dit... Nulle épouse
De sa virginité ne fut assez jalouse
Pour en refuser l'offre à mon premier désir.
Vasthi même...

ESTHER, *s'interposant entre la vision funèbre et le roi, devenu tout à coup songeur.*

Non, non. Chassons ce souvenir,
Que rien ne trouble plus les beaux instants qui passent...
Ton Esther te dira les paroles qui fassent
Fuir les spectres sanglants dont ton rêve est peuplé...

ASSUÉRUS, *continuant dans le même mouvement.*

Et que je ne vois plus quand Esther a parlé.

ESTHER

Les morts ne peuvent rien à l'amour qui veut vivre.

ASSUÉRUS

D'où te vient ce pouvoir qui soudain me délivre?
Ces mots, ces tendres mots qui chassent les esprits
Des ténèbres, un dieu te les a donc appris?...]*

ESTHER

Ta gloire t'importune et ta grandeur te pèse,
Hélas!... Mais si ton cœur près de mon cœur s'apaise,
C'est que souffrir ensemble est un bienfait pour eux,
Si ton cœur est désert, mon cœur est douloureux,
Et mon jeune sourire est lourd d'anciennes larmes.

ASSUÉRUS

Toi dont je ne sais rien, sinon que tu me charmes,
Se peut-il que le mal ait parfois effleuré
Ton front, et que tes yeux, tes doux yeux aient pleuré?

ESTHER

Le malheur épargna mon enfance secrète.
Mais, instruite avant l'âge, en mon humble retraite,
De tous les maux qu'aux miens leur faute a fait échoir,
Je porte en moi mille ans de détresse et d'espoir.

ASSUÉRUS

Mais qui sut éveiller à la science austère
Dans ton corps de clarté ton âme de mystère?

ESTHER

Dans un calme faubourg de l'antique Babel,
Un sage, un grand vieillard, au regard fraternel,
Que tu croirais un mage et qu'on dit un prophète,
Veillait sur moi comme eût fait un père, et m'a faite,
Lui, l'ancêtre honoré, de tout le peuple élu,
La vierge qu'un matin tu vis et qui t'a plu.

ASSUÉRUS, curieux.

*[Et que confiait-il à ta jeune mémoire?

ESTHER

Il me disait tes noms, tes titres et ta gloire,
L'histoire de ton peuple et l'histoire du mien,
Me disait comment Dieu, notre unique soutien,
Dans sa toute-sagesse éternelle et profonde,
A suscité Cyrus, le conquérant du monde,
Des têtes de vingt Rois lui fit un marchepied,
Pour qu'ayant, à la fin, notre crime expié,
Nous puissions relever les hautes tours du temple,
Et que toi-même un jour, fidèle à son exemple,
— Nécessaire héritier du trône universel,
Soumis sans le savoir aux lois de l'Eternel —
Tu sois à tout jamais, dans nos hymnes de fêtes,
Le sauveur attendu qu'attendent nos prophètes.

ASSUÉRUS

Ton langage, ta race, et ton peuple, et tes dieux,
Tout en toi m'est nouveau, singulier, précieux...]*
Mais ce doux protecteur qui t'offrit un asile,
Je veux le voir...

ESTHER

La chose, ô mon Maître, est facile.
Il est dans ce palais.

ASSUÉRUS

Dans ce palais!... Qu'Aman
Le cherche!

ESTHER, s'interposant, au moment où Aman s'approche.

O Roi, permets, une fois seulement,
Que, prévenant Aman dont on connaît le zèle,
Je te fasse amener ton serviteur fidèle...
Thamar dans un moment va le conduire ici.

Esther fait un signe à Thamar, qui s'incline et sort.

ASSUÉRUS

C'est bien.

ESTHER

D'ailleurs, tu le connais... Aman aussi...
Puisque aujourd'hui dans Suse, en appareil splendide,
Il doit mener, tenant son cheval par la bride,
L'homme que tu veux voir et que j'ai retrouvé...

ASSUÉRUS

L'homme qui t'éleva...

ESTHER, désignant Mardochée qui vient d'entrer entre des archers que commande un officier et que guide Thamar. Il est vêtu de haillons, a les cheveux en broussaille, les mains liées de chaînes, mais reste fier malgré tout et tient la tête haute.

L'homme qui t'a sauvé.

Scène VI

LES MÊMES, MARDOCHEE

ASSUÉRUS, surpris de voir apparaître un prisonnier.

Quoi?... C'est lui!... Ce captif!... Mais qui donc osa tordre
Ces chaînes à ses bras?

MARDOCHÉE, nettement accusateur.

C'est Aman.

AMAN

Par ton ordre!
L'ordre que tes hérauts vont proclamer demain,
Qui dévoue au trépas Jacob et Benjamin,
Et qui raye Israël de la face du monde, —
Car cet homme est le chef de cette race immonde...

ESTHER, avec un grand cri.

Et cette race immonde est ma race, et son Dieu
Est mon Dieu! — Ton Esther est fille d'un hébreu!...

MARDOCHÉE

*[Et la loi qu'Aman t'a, comme en songe, arrachée
Livre ensemble aux bourreaux Esther...

ESTHER

Et Mardochée!
Celui qui protégea tes jours sacrés!... Celui
Qu'Aman, fils d'Amalec, honteusement poursuit,
Et tous les miens! Et tous les miens!... Roi! Je t'implore
Pour mon peuple qui va périr, et qui l'ignore!
Juge entre Aman et mes frères, et si tu veux
Qu'ils meurent, souffre au moins que je meure avant [eux!...

MARDOCHÉE, foudroyant Aman du regard.

Et cette race immonde, ainsi qu'Aman l'appelle,
Est la race choisie et la race éternelle,
Qui garde, par Dieu même à nos aïeux dicté,
Le livre de la vie et de la vérité,
La race à qui la terre entière fut promise,
Et qui doit conquérir l'humanité, soumise
Non par les fouets de fer ou par les jougs d'airain,
Mais par le verbe ardent et l'esprit souverain...

A Assuérus.

Maintenant, j'ai tout dit et j'attends ta réponse.
Entre Amalec et nous sois arbitre, — et prononce.
Mais souviens-toi qu'un Dieu jaloux attend ton choix,
Qu'il est juge lui-même et jugera les Rois.]*

ASSUÉRUS

Donc, quand j'ai revêtu du sceau de ma justice
Cet édit, qui vouait, dans trois jours, au supplice
Un peuple dont le nom m'est à peine connu,
Maudit! tu me faisais jeter au glaive nu,
Pour assouvir quelque vengeance souterraine,
Mon sauveur Mardochée, avec Esther, ta Reine.

AMAN

J'ignorais...

ASSUÉRUS

Tu mourras! Tu n'avais pas le droit

D'ignorer, car tes yeux étaient les yeux du Roi.
*[Ainsi la trahison des hommes m'environne!...
Les protecteurs sacrés de ma triple couronne,
L'esprit gardien du seuil et qu'en vain j'appelais
Dans mes nuits sans sommeil au fond de mon palais,
Mes dieux qui m'ont fait Roi, mes dieux qui m'ont fait [prêtre,
Ces dieux ont donc permis qu'on abusât du Maître,
Qu'on se jouât de lui comme on fait d'un enfant!...

MARDOCHÉE

Si tes dieux t'ont trahi, notre Dieu nous défend...
Roi! Sois avec nous!... Vois! Qu'on nous craigne ou [méprise,
Il est dans Israël une force qui brise
Tout mouvement humain contre nous déchaîné,
Et qui touche à nos droits d'avance est condamné...]*

AMAN, *se jetant au pied du trône.*

Roi!... Tu ne peux frapper ton serviteur fidèle!...

ASSUÉRUS, *le repoussant.*

Esther m'aime... et c'est toi qui veux m'arracher d'elle!...
Esther seule pouvait m'aimer, — et tu voulais
La jeter, comme l'autre, aux couteaux des valets...

AMAN, *suppliant.*

Que savais-je d'Esther? Qui m'avait dit sa race?
Grâce! Grâce!

ASSUÉRUS, *désignant Esther d'un regard.*

Est-ce à moi qu'il faut demander grâce?

AMAN, *se jetant aux pieds d'Esther.*

Pitié!...

ESTHER

Pitié!... Ce mot dans ta bouche me plaît,
Tu n'avais pas pitié de nous, ce me semblait,
Quand pour tes ennemis tu dressais la potence.

AMAN

Pitié du moins pour mes enfants!

ESTHER

Ton imprudence
Est grave. J'oubliais qu'Aman avait aussi
Des petits. Tu m'en fais ressouvenir! Merci!

AMAN

Mais ils ne savent rien du forfait de leur père...

ESTHER

Allons! Je prendrai soin du nid de la vipère.

ASSUÉRUS

Il suffit!

A Esther, dont Aman baise la robe.

Et ses mains n'ont que trop effleuré
La pudique blancheur de ton voile sacré.

Aux gardes.

Qu'on l'arrête!

Et toi prends son glaive, Mardochée!
Et que sa chair, sous les couteaux effilochée,
Saigne au même poteau qu'il préparait pour toi.

On saisit Aman, Mardochée, dont on a délié les mains, prend le glaive.

MARDOCHÉE

Si mon Roi sert mon Dieu, je servirai mon Roi.

Mardochée et les autres vont partir, entraînant Aman, quand Esther intervient encore.

ESTHER

Avant qu'on jette Aman à l'ombre meurtrière,
Je voudrais t'exposer sa dernière prière;
Aman me rappelait qu'il a dix fils, au front
Charmant, jeunes et beaux et forts, et qui pourront
Le venger quelque jour si tu les laisses vivre.
Accorde-moi leurs dix têtes...

ASSUÉRUS

Je te les livre.

ESTHER

*[Le dernier vœu d'Aman ne sera pas trompé.

ASSUÉRUS

Va, Mardochée! Et quand la hache aura frappé,
Quand la nichée aura péri, quand le repaire
Sera bien vide, alors fais expirer le père.]*
Sois, comme il devait l'être, implacable et cruel...

MARDOCHÉE

*[Ainsi périssent les ennemis d'Israël!...
Et l'exemple soit tel que l'univers apprenne
Que marqué par son Dieu pour l'œuvre souveraine,
Fort du but infaillible où ce Dieu l'a conduit,
Hier comme demain, demain comme aujourd'hui,
Notre peuple, — ignorant le temps, le siècle et l'heure, —
Parmi les nations qui passent, seul demeure
Clément, — quand il le peut, — terrible, — s'il le faut, —
Le peuple contre qui nul peuple ne prévaut...

Mardochée, Aman, les gardes sortent. Sauf Assuérus et Esther, tout le monde s'en va. Les bruits s'éloignent et meurent. Le silence s'établit peu à peu. Le roi et la reine restent seuls dans la nuit. Un temps.

Scène VII

ASSUERUS, ESTHER

Ta vengeance, ô ma Reine, est-elle satisfaite?

ESTHER, *encore pensive, à demi-voix.*

Peut-être...

ASSUÉRUS, *sans l'entendre.*

Et maintenant, sous le grand ciel en fête,
Tout dort. Nous sommes seuls. Laisse-moi me griser
De ton parfum, de ton regard, de ton baiser.
Laisse-moi m'enivrer de ta voix. Fais-moi croire
Que l'amour quelquefois n'a pas peur de la gloire,
Et, t'abandonnant toute à ton royal amant,
Viens. C'est l'heure...

ESTHER

Oh! de grâce!... Un moment!...

ASSUÉRUS

Un moment!...
A quoi bon, quand la nuit est si tiède et si tendre,
Risquer d'en perdre un seul instant à trop attendre.
En cette heure divine où tout, au loin, s'est tu,
Peut-il rester une ombre en ton cœur?... Gardes-tu
Quelque requête encore à confier au Maître?...
D'avance, ô chère Esther! sans même la connaître,
Je te l'accorde, ainsi que je te l'ai promis.

Il enlace amoureusement Esther, qui lève les yeux et le regarde, très enveloppante.

ESTHER

Oui. Je voudrais la mort de tous nos ennemis.

ASSUÉRUS

Quoi? Même en ce moment, ma pâle bien-aimée,
Peux-tu de tels soucis avoir l'âme alarmée?
Non. Non. Ne pensons plus aux hommes jusqu'au jour.

Je suis la force unique et toi l'unique amour.
Rien, dans cette minute ineffable et profonde,
Ne compte plus pour nous qui sommes seuls au monde,
Et je baise ton front, tes lèvres et tes yeux.

ESTHER

Mais combien notre amour sera plus furieux,
Quels seront mes transports de folie et de joie,
Et combien cette nuit où je serai ta proie
Aura plus de fatale et tragique splendeur,
Si l'heure où je succombe en tes bras a l'odeur
Des matins de carnage et des soirs de victoire!...

ASSUÉRUS

Tu veux donc que pour nous la nuit d'amour soit noire.

ESTHER, *ne se retenant plus.*

Je veux qu'elle soit rouge et que sous son manteau
D'étoiles le sang pur ruisselle comme l'eau,
Qu'autour de notre couche, en son ombre agrandie,
Éclate le tumulte et ronfle l'incendie,
Et, jusqu'aux premiers feux du matin renaissant,
Que les noces d'Esther soient des noces de sang!

ASSUÉRUS, *dominé par Esther.*

Quels sont-ils donc, ceux-là que je dois, pour te plaire,
Balayer de ta route au vent de ta colère?
Dénombre les humains que tu veux condamner.

ESTHER

Dieu seul connaît leur nombre, et tu vas me donner,
En retour de la nuit d'amour que je t'apprête,
Une nuit tout entière et qui soit une fête,
Et, double sacrifice à ma virginité,
La fête de la mort et de la volupté !

ASSUÉRUS

Du sang! Toujours du sang!

ESTHER

J'en veux! J'en veux encore!
Que les fils d'Israël puissent, jusqu'à l'aurore,
Massacrer sans remords, sans pitié, sans merci,
Les ennemis de Dieu qui sont les miens aussi!

ASSUÉRUS

Puisque ainsi tu le veux, ton désir s'accomplisse!

Mardochée entre, glaive en main, suivi de quelques archers.

Scène VIII

ASSUERUS, ESTHER, MARDOCHEE,
QUELQUES ARCHERS

MARDOCHÉE

Roi, les dix fils d'Aman ont subi leur supplice.
Aman est mort, selon ton ordre, le dernier.

ASSUÉRUS

Que leurs corps, sans honneurs, soient jetés au charnier!
Esther le veut... Esther se venge... Prends le glaive.
Et de cette heure à l'heure où le soleil se lève,
Poursuis, disperse, égorge et frappe, si nombreux
Qu'ils soient, les oppresseurs de tes frères hébreux,
Pour qu'Esther soit contente et qu'elle me sourie...
Va.

MARDOCHÉE

J'irai, Dieu lui-même armera ma furie!

Mardochée sort.

Scène IX

ASSUERUS, ESTHER

Assuérus, qui n'était plus que l'amant au commencement de de la septième scène paraît songeur. Esther, par une sorte de revirement, est devenue, au commencement de cette neuvième scène, plus amoureuse et plus tendre.

ASSUÉRUS

Donc, mauvais laboureur qui dévaste son champ,
Je condamne à la fois le juste et le méchant,
Livrés à la fureur aveugle de tes frères.
Mais ton Dieu, qui t'incite à de telles colères,
Cette nuit suffira, je pense, à l'apaiser.

ESTHER

Ah! Qu'importe?... A présent viens cueillir mon baiser.
Que mes deux seins te soient une coupe jumelle!
Vengeance, gloire, amour, qu'en nos cœurs tout se mêle
Comme en un vase d'or plusieurs vins confondus!
Je t'aime... Regagnons tous les instants perdus.
L'air est tout parfumé des brises odorantes,
Mais je sais des senteurs encor plus enivrantes,
Et je suis à toi, toute...

ASSUÉRUS

Et je ne sais plus rien,
Sinon qu'Esther est belle et qu'elle m'appartient.

ESTHER

Jamais je n'ai rêvé d'une pareille extase.
Me sens-tu palpiter sous mes voiles de gaze
Heureuse de céder à mon royal vainqueur?
Tes baisers comme un fruit se fondent dans mon cœur,
Et mon corps souple au tien éperdument s'enlace.

Une clameur monte et grandit dans le lointain. Cri d'épouvante et d'horreur des foules livrées au massacre.

ASSUÉRUS, *se redressant soudain.*

Entends!... Entends!... Quelle est cette clameur qui passe?

ESTHER

C'est notre belle nuit de noce, ô mon amant!
Cette terre ennemie en un gémissement
Immense, en un long cri d'épouvante, salue
L'heure où le Roi des Rois a dompté son élue.

ASSUÉRUS, *dans un mouvement de révolte.*

Non. Je ne puis livrer tout mon peuple au trépas.
Assez!... Assez!...

ESTHER, *qui a peur de voir révoquer l'ordre de massacre.*

Mon bien-aimé, n'écoute pas.
Tout à l'heure, ô mon Roi! tu le disais toi-même,
Nous sommes seuls au monde en cet instant... Je t'aime!
Je t'aime!...

ASSUÉRUS, *échappant aux baisers d'Esther qui veut lui fermer la bouche.*

Tes baisers n'étouffent pas leurs cris!
C'en est trop!...

ESTHER, *fièrement.*

Mon amour a-t-il donc peu de prix,
Que le sang que tu m'as promis tu le marchandes?
Il me faut la vengeance ouvrant ses ailes grandes,
Planant sur chaque toit, frappant à chaque seuil,
Digne de ta grandeur, digne de mon orgueil
Et de tout le passé dont je suis héritière.
C'est alors que vraiment tu l'auras tout entière,

Que vraiment, ô mon Roi! tu la posséderas
Cette femme qui t'aime et qui t'ouvre les bras.

Esther se dresse, fatale, tragique, les bras grands ouverts, les cris d'épouvante et de mort se rapprochent et grandissent. Un officier, celui qui conduisait Mardochée au début de la sixième scène, entre précipitamment suivi de plusieurs gardes.

Scène X

ASSUERUS, ESTHER, UN OFFICIER, ARCHERS

L'OFFICIER

Partout des morts!... Le sang coule à flots!... Mais [le glaive
Va rentrer au fourreau, car l'aurore se lève.

ESTHER

Déjà!...
Quoi? Le soleil va surgir au levant
Et ma vengeance à peine ouvre son aile au vent.
O Maître, accorde-moi trois jours, trois jours encore!]*

ASSUÉRUS, définitivement vaincu.

Soit! puisque Esther le veut, par delà cette aurore,
Pendant trois jours entiers, sans arrêt, sans repos,
Frappez, frappez toujours, un par un, par troupeaux,
Par maisons, par tribus!...

ESTHER, terrible.

Frappez par multitudes!
Et jetez, s'il le faut, aux vents des solitudes
La semence à venir des générations!

ASSUÉRUS, sombre.

Tu l'auras donc vaincu le Roi des nations.

ESTHER, triomphante, enivrée.

Qu'il fait doux cette nuit! Comme il fait bon de vivre!
Ma victoire à la fois m'épouvante et m'enivre,
Et, dans l'air souple et tiède où tremblent nos aveux,
L'ange exterminateur caresse mes cheveux,
Et, sous le cercle d'or, soulève comme une onde
Le courroux étoilé de ma crinière blonde!
Déjà pointe au levant une faible rougeur.
Le voici donc enfin venu le jour vengeur,
Le beau jour, si longtemps attendu, qui consacre,
Tout vibrant de clameurs et tout chaud de massacre,
Le triomphe promis à mon peuple éternel.

L'aube pointe, empourpre l'horizon, ensanglante les tours, les palais, tout le décor de Suse qu'on aperçoit. Le massacre au dehors roule comme une vague. Esther debout, dans l'aurore rouge, clame pleine d'une joie sauvage.

Réveillez-vous, chanteurs des fastes d'Israël!
Sonnez, harpes des rois! Trompettes des lévites!
Que les glaives soient prompts, que les flèches soient vites!
Que la vengeance coure avec des pieds de feu!
Que nos murs relevés abritent le saint lieu!
Et que sur ses parvis, ainsi qu'aux jours antiques,
Les vierges, en dansant au souffle des cantiques,
Autour du Saint des Saints que David adora,
Chantent! comme ont chanté Judith et Débora!

Le massacre continue. Des cris se rapprochent. Quelques fugitifs blessés, poursuivis par la haine juive, viennent tomber aux pieds du trône. Cadavres d'hommes et de femmes. Puis la tempête de mort s'éloigne, et tandis que le soleil se lève, disque enflammé, les amants royaux demeurés seuls s'enlacent dans une étreinte farouche.

ASSUÉRUS

J'ai presque peur de toi qui pourtant me fascines.

ESTHER

O mon amant! la nuit redescend des collines.
A l'orient profond le soleil renaissant
Semble un bouclier d'or sur un fleuve de sang.
Viens! que ta bouche encor s'écrase sur ma bouche,
Que mon corps palpitant sur ton poitrail farouche,
T'offre le don joyeux de ma virginité!...
Aimons-nous, dans la mort et dans la volupté.

RIDEAU

Esther. Aman. Assuérus. Mardochée.

SCÈNE VI. — Aman : « *Et moi, je vous maudis!... Malheur sur Israël!* »

30 août 2

NOTES POUR LA REPRÉSENTATION

ACTE PREMIER, Scène II. — La scène est modifiée ainsi :

VASTHI

N'ayant plus qu'un désir, n'ayant plus qu'une idée,
Me posséder ainsi que tu m'as possédée,
Toujours...!

ASSUÉRUS, l'interrompant.

J'ai trop subi tes infâmes clameurs,
Et ma flèche de fer me vengera!...

Il bande son arc et tire sur Vasthi.

VASTHI

Je meurs!...
Mais avant de descendre aux ombres infinies...,
Je te livre à l'horreur des longues insomnies...

Et Vasthi défaille sur ce vers.

La morte à l'œil fatal que je serai demain.

La fin de la scène est supprimée.

Scène III. — Les vers du satrape sont remplacés par ceux-ci :

Grand Roi, qu'aucun souci ne t'effleure! Ton âme
Peut-elle s'alarmer de la mort d'une femme?
C'est fait. N'y pense plus. Bois. Mange.

Assuérus répond :

Ah! Laissez-moi.

Et l'acte se termine par les vers de Mémucan.

ACTE II. — Deux strophes seulement sont chantées et les vers marqués entre astérisques ne sont pas dits.

ACTE III, Scène première. — Après la sortie d'Aman, Assuérus dit :

Quant à vous, compagnons de mon ennui, tâchez
De faire en mon esprit revivre la mémoire
De mes jours de combats et de mes jours de gloire.

S'adressant au lecteur.

Toi donc qui tiens en mains ces rouleaux de grand prix
Où les fastes de mon histoire sont inscrits,
Comme il sied qu'elle soit aux peuples enseignée,
Approche et lis... J'écoute...

La scène des favorites est supprimée. Le lecteur commence sa lecture, et les strophes de Lyda et de Mnasis sont dites à la fin de l'acte, avant les vers de la baigneuse.

ACTE IV. — La **scène V** est modifiée ainsi pour la représentation :

ESTHER

Ce palais est le tien comme Esther est à toi,
Mais qu'a-t-elle pour toi de plus qu'une autre femme?

ASSUÉRUS

Elle a tout simplement que je l'aime... En mon âme,
Vide et morne jadis comme un gouffre effrayant,
Ta calme vision s'assied en souriant.
J'oublie à tes côtés le fardeau qui me pèse.

ESTHER

Si ton cœur en tremblant près de mon cœur s'apaise,
C'est que souffrir ensemble est un bienfait pour eux.

Et la scène continue avec les coupures indiquées.

Scène VI. — A la fin de la scène, Assuérus s'écrie :

Je te les livre!...

Puis, à Mardochée.

Sois, comme il devait l'être, implacable et cruel!

Et la suite est modifiée comme suit, avec suppression des **scènes VII, VIII** et **IX**.

AMAN, se débattant entre ses gardes, bête traquée.

Et moi, je vous maudis!... Malheur sur Israël!...
J'aurai pour me venger les peuples unanimes,
Et le sang innocent qui coule par vos crimes
Va crier contre vous jusqu'à la fin des temps!...
Malheur à vous!...

ASSUÉRUS

Assez!...

MARDOCHÉE, à Esther.

Tu l'entends!...

ESTHER, au Roi.

Tu l'entends!...
Condamné par son Maître, il nous menace encore.
Roi, sauve du péril mon peuple qui t'implore.
Accorde-moi la mort de tous nos ennemis!...

ASSUÉRUS, surpris.

Tu veux?...

ESTHER

Ne m'as-tu pas hier même promis
Que, quelque fût mon vœu, je serais satisfaite?...
Fais donc que notre nuit d'amour soit une fête,
Et, double sacrifice à ma virginité,
La fête de la mort et de la volupté!...
Qu'autour de notre couche, en son ombre agrandie,
Éclate le tumulte et gronde l'incendie,
Et, jusqu'aux premiers feux du matin renaissant,
Que les noces d'Esther soient des noces de sang!...
— Accorde-moi trois jours pour ma vengeance encore!...

Assuérus répond : « Soit! Puisque Esther le veut », et l'acte finit comme il est indiqué **scène X**.

» Et le premier dit à l'autre : « Vous » qui connaissez ce ciel et cette terre, » le voyez-vous, le sujet ? Une *Esther* » *vraie ?* une Esther non point timide » et pieuse comme l'adorable *Esther* » de Racine, mais semblable à celle » de la Bible, une *Esther* ayant macéré » six mois dans la myrrhe et six mois » dans les aromates, et qu'on ressus- » citerait dans le décor de l'antique » palais de Suse, dont les fouilles de » M. Dieulafoy ont permis la reconsti- » tution. »

» De ce jour, notre collaboration était née.

» La pièce terminée, nous la lûmes à M. Antoine, qui nous fit l'honneur d'inscrire immédiatement à son programme notre *Esther, princesse d'Israël.* »

***

M. Robert de Flers vante, dans le *Figaro*, la beauté de ce spectacle, où l'harmonie des musiques, la richesse des décors et la volupté des danses concourent à un ensemble somptueux. Et M. Robert de Flers remarque ingénieusement :

« Voilà qui est — malgré toute la différence qui rend presque étrangère à l'*Esther* de Racine l'*Esther* de MM. Dumas et Leconte — dans la pure tradition des spectacles de Saint-Cyr, où la tragédie de Jean Racine fut jouée pour la première fois le 26 juin 1689. Mme de Sévigné, en effet, nous a transmis en ces termes la relation de ce spectacle :

» Je ne puis vous dire l'agrément » de cette pièce : c'est une chose qui » n'est pas aisée à représenter et qui » ne sera jamais imitée. C'est un rap- » port de la musique, des vers, des » chants, des personnages, si parfait » et si complet, qu'on n'y souhaite » rien. »

» C'est précisément ce rapport — poursuit M. Robert de Flers — qui a fait le chaleureux succès de la nouvelle *Esther*. C'est d'ailleurs une œuvre d'une réelle valeur et qui méritait la grande faveur avec laquelle elle a été accueillie.

» MM. André Dumas et Leconte ont eu le talent et l'adresse d'écrire un drame violent et furieux, qui est en même temps, grâce au concours de la musique et de la mise en scène, somptueux et voluptueux. Il reste aussi et surtout qu'ils ont fait œuvre de poètes. Leurs vers sont tantôt souples et enveloppants, tantôt vigoureux et puissants. Leur don lyrique abonde en belles images, en contrastes heureux, en rimes sonores. Voilà de quoi justifier un succès qui vaudra sans doute à l'Odéon une série de belles et fructueuses soirées. »

M. Guy Launay (Léon Blum), s'attachant aussi à l'ensemble du spectacle, constate, dans le *Matin*, qu'il est fort beau, et fait pour attirer Paris :

« La mise en scène est une reconstitution, peut-être savante, en tout cas vivante, des splendeurs de Suse ou d'Ecbatane. Une musique voluptueuse et chatoyante s'ajoute au drame. Les danses, les costumes, sont une fête pour l'œil. Et tout cet appareil ne fait pas oublier le poème. »

M. Adolphe Aderer rappelle, dans le *Petit Parisien*, que les critiques étrangers ont reproché à nos tragédies d'avoir travesti le caractère antique :

« Sans doute, nos auteurs classiques se souciaient médiocrement de peindre les modes des anciens. Ils avaient en vue, sous les noms d'Achille et d'Agamemnon, le roi et les grands seigneurs de leur temps, ou même ils considéraient, à travers leurs personnages, la nature humaine dans ses traits généraux et essentiels.

» De nos jours, on s'attache aussi aux particularités, aux détails extérieurs ; en un mot, on tient compte — et prenons garde que c'est un héritage de romantisme — de la « couleur » locale ». C'est en vertu de cette poétique que MM. Dumas et Leconte ont donné — après Racine — *Esther, princesse d'Israël*.

» Théories à part, l'œuvre de MM. Dumas et Leconte est des plus intéressantes. Les vers, bien frappés, y sont nombreux. C'est une œuvre qui fait honneur certainement aux jeunes poètes contemporains. »

M. Nozière, de même que M. Aderer, remarque dans l'*Intransigeant*, que MM. Dumas et Leconte ont eu là, comme les romantiques, le souci de la couleur locale :

« En écoutant leur pièce, on songe parfois au *Caligula* de Dumas ou à tel drame de la même école sur Néron. Cependant la pureté hautaine des vers rapproche ces poètes des parnassiens, et certains vers semblent empruntés aux *Erinnyes* de Leconte de Lisle.

» Mais il y a, dans cette tragédie antique, une pensée moderne, et MM. Dumas et Leconte suivent ainsi le grand précepte que donna André Chénier. Ils n'ont pas craint en effet d'étudier le conflit de la philosophie juive avec l'univers. »

M. Georges Boyer, du *Petit Journal*, reconnaît que cette Esther diffère grandement de la « bêlante héroïne » de Racine, il aurait pourtant voulu que MM. André Dumas et Sébastien-Charles Leconte apportent plus de hardiesse encore dans leur présentation de « cette abominable créature, voluptueuse et sanguinaire, monstre de luxure et de cruauté ! »

M. Adolphe Brisson n'est point du même avis et il juge, dans le *Temps* — comme M. Emile de Saint-Auban dans le *Soleil* — que MM. André Dumas et Sébastien-Charles Leconte ont porté à la scène avec un grand souci d'exactitude et une certaine coquetterie de férocité ce « livre d'Esther », où Racine avait puisé la matière de sa tendre et plaintive tragédie :

« Leur pièce exprime, décrit, fait ressortir tout ce qui, dans le drame racinien, se trouve à dessein atténué : la sensualité, la fureur atroce des personnages, la somptuosité asiatique du décor, les brutalités de l'action, l'horreur du dénouement. »

Ce dénouement est un véritable duo de mort et de volupté :

« La frénésie du meurtre emplit le théâtre ; la frénésie du verbe y rugit. Mardochée tue. Les auteurs chantent. Ils chantent éperdument, ivres eux-mêmes d'imprécation, de cris de haine, de chansons d'amour, de mots extasiés et farouches.

» MM. Leconte et Dumas sont de l'époque romantique. Leur drame — surtout en cette dernière partie — porte l'empreinte de l'échauffement lyrique, de l'amplification sonore, de la véhémence, du délire qui caractérisaient l'école...

» Mais leur rhétorique est souvent superbe, ample, gonflée d'un souffle viril, riche de sève, dénuée d'afféterie et de vaines élégances, dépouillée de ce débordement de métaphores et d'antithèses qui rend odieuse la littérature de quelques-uns des disciples du « père Hugo ». Ils excellent à forger sur l'enclume de Heredia le vers descriptif, à peindre la mêlée des batailles où surgit, poussant devant lui un char armé de faux,

... Ce roi qu'on admirait naguère
Parmi l'essor cabré des étalons de guerre.

» Et ils réussissent aussi très bien les vers sensuels, languides, saturés de parfums énervants, lourds de caresses. »

***

Nous avons signalé déjà le luxe oriental, la somptuosité asiatique que M. Antoine a consacrés à la mise en scène d'*Esther*. Comme cette pièce devait être jouée à Monte-Carlo (avec la troupe de l'Odéon) avant d'être donnée, pour une longue suite de représentations, à Paris, le directeur de l'Odéon s'était assuré le concours du décorateur en chef du théâtre de Monte-Carlo, M. Visconti, artiste consommé, qui établit les quatre décors : autant de tableaux qui soulèvent un murmure d'admiration quand le rideau se lève. M. Ibels, le dessinateur attitré de l'Odéon, était chargé des costumes ; il y a déployé une science qui n'exclue pas une ingéniosité pittoresque.

Quant à l'interprétation, elle est soulevée tour à tour par l'allégresse et par la fureur lyriques qui émanent de ces vers. Mlle Ventura personnifie avec un art raffiné la princesse fine, astucieuse, intrépide et cruelle, en qui Israël mit un moment tout son espoir et qui le justifia ; Mlle Dione est une Vasthi altière et belle ; M. Joubé est un roi emporté et mélancolique, aux nobles attitudes, à la voix harmonieuse ; M. Desjardins, un prophète farouche et terrible ; M. Grétillat, un ministre arrogant et vindicatif, et il n'est pas jusqu'à de petites esclaves qui ne soient figurées par de charmantes artistes comme Mlles Germaine de France et Andrée Pascal.

Gaston Sorbets.

Le directeur : René Baschet. Imprimerie de *L'Illustration*, 13, r. St-Georges Paris. — L'impr.-gérant: A. Chatenet.

LE THÉATRE ILLUSTRÉ DU PNEU

TRENTE-QUATRIÈME TABLEAU

LE MYSTÈRE DE LA CHAMBRE... ROUGE

Une longue plainte s'est élevée dans la nuit... on s'est précipité vers la ***chambre*** d'où venait le bruit... elle était vide !... Et sur ses parois on a relevé les traces les plus étranges...

[illegible] croyez pas que nous vous racontions le drame [illegible] chambre dont nous vous parlons est ***roug***[illegible] comme le sang [illegible] la main de lady [illegible] plainte en se dégonflant soud[illegible] traces [illegible] sont des ***plis*** s[illegible] ne sait si l'on doit y voir une [illegible] d'un joyeux cubi[illegible] une large ***blessure.***

[illegible] Rouletabille [illegible] au mystère ?

[illegible] l'éclaircit en deux mots :

[illegible]***E.*** — Le chauffeur, se [illegible]re nos conseils, a négligé [illegible] chambre au rond, il l'a [illegible]e sans s'assurer qu'elle n'était [illegible]. Elle l'était... Le ***hasard*** [illegible]e. (Souvent ainsi ses jeux [illegible]humour).

[illegible]***ET.*** — Une blessure... une [illegible]ne ***note à payer.***

MICHELIN

www.ingramcontent.com/pod-product-compliance
Ingram Content Group UK Ltd.
Pitfield, Milton Keynes, MK11 3LW, UK
UKHW020419220726
13923UKWH00005B/2045